Ivan R. Misner
Marketing zum Nulltarif

Ivan R. Misner

Marketing zum Nulltarif

Mit Networking und Empfehlungsmarketing zu neuen Kunden

2., aktualisierte Auflage

Aus dem Amerikanischen übersetzt von

Beate Korn-Höltje

REDLINE WIRTSCHAFT
bei verlag moderne industrie

Bibliografische Information Der Deutschen Bibliothek
Die Deutsche Bibliothek verzeichnet diese Publikation in der Deutschen National-
bibliografie; detaillierte bibliografische Daten sind im Internet über http://dnb.ddb.de
abrufbar.

2., aktualisierte Auflage 2004
1. Auflage 1999

Copyright © 2003 Redline Wirtschaft, 60439 Frankfurt am Main
http://www.redline-wirtschaft.de

© 1999 verlag moderne industrie, 86895 Landsberg/Lech
http://www.mi-verlag.de

Titel der amerikanischen Originalausgabe: „The world's best known marketing secret"
© by Ivan R. Misner.
Published by Bard Press, 1515 Capital of Texas Hwy., Austin, Texas.
Aus dem Amerikanischen übersetzt von Beate Korn-Höltje.

Umschlaggestaltung: Vierthaler & Braun, München
Satz: Fotosatz Amann, Aichstetten
Druck: Himmer, Augsburg
Bindearbeiten: Thomas, Augsburg
Printed in Germany 24412/010401
ISBN 3-478-24412-9

Widmung

Dieses Buch habe ich meiner Frau in Liebe gewidmet,
die über unser gemeinsames Leben oft sagt:

„Du sorgst für unseren Lebensunterhalt,
und ich sorge dafür, dass unser Leben unterhaltsam ist."

Und das tut sie – jeden einzelnen Tag.

Inhaltsverzeichnis

TEIL I

Empfehlungsmarketing
Der älteste, beste und preiswerteste Weg zu neuen Kunden

TEIL II

Ein einflussreiches, vielseitiges Netzwerk
Die notwendige Infrastruktur, um Ihr Unternehmen bekannt zu machen

TEIL IV
Beziehungen aufbauen
Der Weg ist das Ziel

16. Das Empfehlungsparadigma

TEIL V
Strategie der Kundengewinnung durch Empfehlungen
Ein praktischer Leitfaden für erfolgreiches Empfehlungsmarketing

Vorwort

Ich war geschäftlich in mehr als einem Dutzend Ländern rund um den Globus tätig und musste feststellen, dass wir der nächsten Generation von Business-Profis überhaupt nichts über die fantastischen Möglichkeiten von Netzwerken und Mund-zu-Mund-Propaganda beibringen. Es gibt auch so gut wie keine Fachliteratur zu diesem Thema. Das heißt, wir verleihen Tausenden jungen Menschen Abschlüsse in Betriebswirtschaft und Marketing, ohne sie auch nur im geringsten mit dem Handwerkszeug vertraut zu machen, das nach Ansicht aller, die in der Wirtschaft tätig sind, für den Erfolg eines Unternehmens entscheidend ist.

Die deutsche Wirtschaft ist auf der ganzen Welt für ihren Erfindungsreichtum, ihr Qualitätsbewusstsein und ihr Systemdenken bekannt. Dieses Buch handelt von Systemen. Ein gut strukturiertes Netzwerk bietet die Möglichkeit, mit vielen anderen Unternehmern und Experten in einem angenehmen Umfeld in Kontakt zu kommen. Es ist auch etwas, das einen persönlich aufbaut, denn es ist eine der wenigen Möglichkeiten, wie Sie oder jemand, der für Sie arbeitet, Ihren Erfolg direkt beeinflussen können.

Warum also warten, bis die Menschen zu Ihnen kommen? Warum untätig herumsitzen und hoffen, dass Ihre Kunden Sie weiterempfehlen? Mit einem gut strukturierten Netzwerk-Programm müssen Sie nicht die Ergebnisse Ihrer letzten Werbekampagne abwarten. Es gibt Ihnen die Kontrolle über die Entwicklung Ihres Unternehmens und hat sich bereits bei Millionen von Menschen in allen Branchen bewährt – und auch Sie werden davon profitieren.

Ich habe mit Tausenden von Unternehmern und Experten gearbeitet und ihnen geholfen, erfolgreiche Netzwerke aufzubauen. Ich kann daher sicher sagen, dass, wenn Sie den Ideen in diesem Buch

folgen, Sie Ihre „Netzwerk-Fähigkeiten" erheblich verbessern werden und aufgrund Ihres Netzwerks auch eine erfolgreiche Mund-zu-
Mund-Propaganda in Gang setzen werden. *Marketing zum Nulltarif*
handelt davon, Beziehungen aufzubauen und mit diesen Kontakten
erfolgreich zu arbeiten.

Ivan R Misner, Ph.D.
www.bni.com
misner@bni.com

Danksagung

Ich möchte mich bei einigen Menschen bedanken, die mir beim Schreiben dieses Buches geholfen haben. Hierzu gehören – in alphabetischer Reihenfolge – Gene Call, Jeff Davidson, Robert Davis sowie Paul und Sarah Edwards. Ich bin ihnen für ihre wertvollen Anregungen sehr dankbar. Bei Bob Burg, John Naisbitt, Tom Peters, Susan RoAne, Mark Sheer, Ron Sukenick, Alvin Toffler, Sandy Vilas und Jerry Wilson möchte ich mich für ihr Fachwissen bedanken.

Vor allem danke ich den Geschäftsführern und Mitarbeitern von Business Network Intl. Sie haben mich bei der Ausarbeitung verschiedener Entwürfe zu diesem Buch unterstützt. Zu ihnen gehören neben anderen Virginia Devine, Norm Dominguez, Kelli Holmes und Penny Palm, Elisabeth Misner (die mir bei der Korrektur der vielen Manuskriptentwürfe geholfen hat), Alice Ostrower, Jan Paulsen, Stacia Robinson, Susan Shaner, Amy Turley und Jill Sloat.

Auch den vielen tausend Unternehmern und Führungskräften, denen ich im Laufe der Jahre begegnet bin, gebührt mein Dank. Es waren zu viele, um sie hier namentlich einzeln aufzuführen. Ihre Geschichten und Erfahrungen haben mir geholfen, die Prinzipien der Kundengewinnung durch Empfehlung zu formulieren.

Schließlich gilt mein besonderer Dank Ray Bard, Jeff Morris, Scott Bard und den übrigen Mitarbeitern von Bard & Stephen. Hervorragendes zu leisten ist für sie selbstverständlich. Hierfür danke ich ihnen ebenso wie für ihre gründliche Auseinandersetzung mit dem Manuskript, ihre Sorgfalt und Aufmerksamkeit. Ohne ihre Hilfe wäre das Buch nicht entstanden.

Ivan R. Misner, Ph.D.
La Verne, Kalifornien

Über den Autor

Dr. Ivan R. Misner ist Gründer und Vorsitzender von Business Network Intl. in Claremont, Kalifornien. Als anerkannter „Networking-Guru" tritt er in größeren Unternehmen und Institutionen überall im Land als mitreißender und richtungweisender Gastredner auf. Das *Wall Street Journal*, die *Los Angeles Times*, die *New York Times*, das *Indianapolis C.E.O.* und zahlreiche Fernseh- und Radiosendungen haben über ihn berichtet.

Dr. Misner promovierte an der University of Southern California im Fachgebiet Unternehmensentwicklung mit einer Arbeit über die Funktion von Netzwerken bei der Kundengewinnung. Darüber hinaus veröffentlichte er Bücher, Artikel und Videos zu verschiedenen Management- und Networking-Themen.

Dr. Misner ist Mitglied der Fakultät für Betriebswirtschaft an der Cal Poly University in Pomona und wird im *Who's Who of Leading American Executives* aufgeführt. Er ist zudem Verwaltungsratsvorsitzender des LeRoy Haynes Center, eine gemeinnützige Einrichtung für misshandelte und vernachlässigte Kinder. Zweimal schon wurde er für die Auszeichnung des „Entrepreneur of the Year" der Zeitschrift *Inc. Magazine* nominiert. Er wohnt zusammen mit seiner Frau Elisabeth und seinen drei Kindern Ashley, Cassie und Trey in La Verne, Kalifornien.

Einleitung

Wer profitiert von diesem Buch?

Ich habe dieses Buch geschrieben, um Sie mit den strategischen Grundlagen des Empfehlungsmarketings vertraut zu machen. Diese Marketingmethode kann in allen Berufen und in allen Branchen erfolgreich angewendet werden. Dabei wird Empfehlungsmarketing aus der Perspektive der Menschen „an der Front" betrachet, d.h. der Menschen, die für den Absatz der Produkte oder Dienstleistungen sorgen müssen – ihre eigenen oder die des Unternehmens, für das sie tätig sind. Das Buch beschreibt, wie Empfehlungsmarketing in seinen grundlegenden Prinzipien funktioniert. Außerdem enthält es einen speziellen Handlungsplan, mit dessen praktischer Umsetzung Sie gleich heute beginnen können. Es ist ein praktisches Buch, das Ihnen sagt, „wie man's macht". Mit seiner Hilfe und der magischen Kraft von Empfehlungen wird es Ihnen oder Ihren Mitarbeitern gelingen, neue Kunden zu gewinnen und den Gewinn Ihres Unternehmens zu erhöhen.

Teil I vermittelt wichtige Grundlagen zu Einfluss und Bedeutung des Empfehlungsmarketings. Teil II befasst sich mit den Schlüsselfaktoren für den Aufbau eines einflussreichen, vielseitigen Kontaktnetzes. Teil III diskutiert wichtige Elemente einer positiven Botschaft und ihrer wirksamen Übermittlung. Kontaktnetz und Botschaft sind Einzelelemente, die in Kombination zu einem erfolgreichen Empfehlungsprogramm führen. Dies wird in Teil IV besprochen. Teil V enthält die Vorlage für Ihren eigenen Empfehlungsmarketing-Plan, mit dessen Hilfe Sie die hier vorgestellte Methode praktisch umsetzen können.

Das Programm richtet sich vor allem an Kleinunternehmer, Freiberufler und Verkäufer in kleinen oder größeren Firmen. Es wird allerdings auch Managern auf höherer Führungsebene von Nutzen sein, die ihre Mitarbeiter in der effizienten Entwicklung einer Empfehlungsmarketing-Strategie praktisch unterweisen wollen. Mit an-

deren Worten: Es funktioniert ebenso gut für den „kleinen Freiberufler" wie für die 500 erfolgreichsten Großunternehmen.

Reich werden durch Geld verdienen – die traditionelle Art

Dieses Buch ist kein Ratgeber der Art „Wie werde ich schnell
reich?" oder „Geld verdienen leicht gemacht". Es bietet vielmehr
eine solide Grundlage, um beliebigen Unternehmungen zum Erfolg
zu verhelfen. Ich habe in den vergangenen Jahren etwas Wichtiges
gelernt: Ohne ein kleines bisschen harte Arbeit wird das Erfolgsge-
heimnis für immer ein Geheimnis bleiben. Mithilfe dieses Buches
können Sie ein solides Fundament für Ihr Geschäft legen. Die Entwicklung einer Empfehlungsmarketing-Strategie ist ein erfolgver-
sprechender und potenziell lukrativer Weg, um mehr Kunden zu gewinnen. Er ist sogar leicht zu gehen, wenn man ihn mit den bestehenden Alternativen vergleicht:

1. Erhöhung des Werbeetats
2. Entwicklung wirksamer PR-Kampagnen
3. Telefonakquise

Die ersten beiden Alternativen können teuer sein; die dritte ist zeitaufwändig und frustrierend. Die hier vorgestellte Empfehlungsmarketing-Strategie ist sehr zielgerichtet. Mit ihrer Hilfe können Sie in
Ihrem Umfeld oder Ihrer Branche neue Geschäftskontakte knüpfen.
Sie werden Freunde, Geschäftspartner, Gleichgesinnte, Familienmitglieder und Kunden treffen und sie systematisch und professionell
dazu bringen, Sie anderen Menschen zu empfehlen.

Durch Empfehlungsmarketing werden Dutzende von Menschen
zu Verkäufern für Ihr Unternehmen. Darüber hinaus gibt Ihnen
diese Methode die Möglichkeit, selbst etwas zu tun: Empfehlungsmarketing gehört zu den (neben Telefonverkauf) wenigen Dingen,
die Ihren geschäftlichen Erfolg direkt beeinflussen. Warum sollten

Sie warten, bis andere zu Ihnen kommen? Warum wollen Sie müßig herumsitzen – in der Hoffnung, dass Ihre Klienten oder Kunden über Sie reden? Durch gezieltes Empfehlungsmarketing müssen Sie nicht auf die Ergebnisse Ihrer letzten PR-Kampagne warten, bis Sie Ihren Teil der Arbeit beisteuern können. Sie werden bald feststellen, dass Sie mithilfe dieser Strategie die Geschäftsentwicklung Ihres Unternehmens in die eigenen Hände nehmen und damit Ihren Erfolg selbst beeinflussen können. Das Programm hat für viele tausend Menschen in allen Branchen funktioniert und wird auch bei Ihnen erfolgreich sein.

Ich bin überzeugt, dass das bekannteste Marketinggeheimnis der Welt – Empfehlungsmarketing – mehr Freude in Ihre Arbeit und in Ihr Leben bringt. Ich wünsche Ihnen viel Erfolg.

Teil I

Empfehlungsmarketing

Der älteste, beste und preiswerteste Weg zu neuen Kunden

1. Das bekannteste Marketing-geheimnis
Das Konzept und die richtige Einstellung

Das Paradoxon der Empfehlung

Stellen Sie sich vor, es gäbe einen Weg, Ihren geschäftlichen Erfolg für immer zu sichern – unabhängig von konjunkturellen Schwankungen oder den Aktivitäten Ihrer Mitbewerber. Es gibt tatsächlich einen: Er heißt „Empfehlungsmarketing".

Empfehlungsmarketing ist ein Paradoxon, denn es ist wirklich das bekannteste Marketinggeheimnis der Welt. Wie kann etwas bekannt und zugleich ein Geheimnis sein? Kein Problem. Jeder weiß, wie wertvoll Empfehlungen sind. Doch nur wenige wissen, wie man sie effektiv erzeugen kann. Darin liegt der Widerspruch. Im Grunde kennt jeder diesen Begriff und seine Relevanz im Geschäftsalltag. Dennoch wissen nur wenige das flüchtige Gut „Empfehlung" für sich zu nutzen.

Angesichts des allgemeinen Wissens um die Bedeutung von Empfehlungen ist es erstaunlich, wie wenig Menschen konkret über Empfehlungen wissen. Als Geschäftsmann und Trainer kann ich mit Sicherheit sagen, dass die kommende Generation von Berufstätigen derzeit über Empfehlungsmarketing nichts lernt. Kürzlich habe ich drei umfangreiche und anerkannte Lehrbücher für einen Kursus rezensiert, den ich an der School of Business an einer Universität in Südkalifornien durchführen sollte. Jedes umfasste mehr als 450 Seiten. Dennoch wurde Empfehlungsmarketing nur an einer einzigen Stelle erwähnt. Und selbst dort erschien es, als habe jemand lediglich einen flüchtigen Gedanken festgehalten:

„Ein letzter Hinweis ist noch erforderlich ... Unterschätzen Sie nicht den Wert einer kostenlosen Werbung durch Empfehlungen. Kunden, die mit Ihnen und den bei Ihnen gekauften Produkten zufrieden sind, werden Ihre Firma sicherlich in ihrem Umfeld, d.h. gegenüber Nachbarn und Verwandten, positiv erwähnen. Wer unzufrieden ist, gibt über Ihr Unternehmen sogar noch bereitwilliger Auskunft."

Wenngleich ich die Auffassung des Autors teile, kann ich kaum glauben, dass dies alles sein soll, was in einem umfangreichen Wirtschaftsbuch über Empfehlungen ausgesagt wird. Empfehlungsmarketing ist tatsächlich die wirkungsvollste und zugleich am wenigsten verstandene Marketingstrategie der Welt. Obwohl die Wirksamkeit von Empfehlungen unter Marketingfachleuten allgemein anerkannt ist, wird dieses Konzept in den gängigen Marketingfach- oder -lehrbüchern nur selten behandelt. Es finden sich allenfalls flüchtige Hinweise darauf. Fast nie erfahren Sie jedoch genauer, wie Sie selbst positive Äußerungen über Ihr Unternehmen veranlassen können. In den wenigen Fällen, in denen es doch erwähnt wird, fehlt ein klarer, präziser Plan, den eine typische Führungskraft oder ein Unternehmer umsetzen könnte. Oder es wird ein so kleiner Ausschnitt des Gesamtprozesses beleuchtet, dass der Leser zu dem Schluss gelangen muss, Empfehlungsmarketing sei das Gleiche wie guter Service. Doch das ist falsch.

Der Empfehlungsfaktor

Ein guter Kundendienst ist eine wichtige Voraussetzung für den langfristigen geschäftlichen Erfolg. Damit allein kann jedoch längst nicht so viel Umsatz erzeugt werden wie mithilfe von Empfehlungen. Das liegt am – von mir so bezeichneten – „Empfehlungsfaktor". Dieser basiert auf drei grundlegenden Annahmen:

➤ Menschen äußern sich generell – also auch über Ihr Unternehmen – eher, wenn sie unzufrieden sind, als wenn sie zufrieden sind.

➤ Im Allgemeinen dient guter Kundendienst eher dazu, negative Äußerungen zu vermeiden, als die Anzahl positiver Äußerungen wesentlich zu erhöhen.

➤ Für die Gewinnung neuer Kunden müssen Sie somit mehr tun, als nur guten Kundendienst zu leisten.

In einer vom *White House Office of Consumer Affairs* durchgeführten Untersuchung wurde ermittelt, dass 90 Prozent aller unzufriedenen Kunden keine Geschäfte mehr mit einem Unternehmen machen, über das sie sich geärgert haben. Man kann davon ausgehen, dass jeder unzufriedene Kunde seinen Ärger mindestens neun anderen Menschen mitteilt. Außerdem wurde festgestellt, dass 13 Prozent der unzufriedenen Kunden mit mehr als 20 anderen Personen über den Grund ihrer Unzufriedenheit sprechen.

Andere Untersuchungen gelangten zu ähnlichen Erkenntnissen. Ein Marktforschungsinstitut an der amerikanischen Westküste hat herausgefunden, dass unzufriedene Automobilkunden mit mehr als 22 Personen über ihre Erfahrungen sprechen, bevor das Thema für sie erledigt ist. Ein Forschungsinstitut in Texas entdeckte, dass Bankkunden ihre Unzufriedenheit 11 Personen mitteilen, die das Gehörte jeweils an fünf Personen weitergeben. Mit anderen Worten: Bei nur einem einzigen unzufriedenen Kunden hören 66 Menschen davon. Und Sie können darauf wetten, dass am Ende die 55 Personen der „zweiten Generation" schließlich eine faustdicke Lüge erzählt bekommen. Der Autor Jerry Wilson nennt diese Reaktionskette das „3-zu-33-Gesetz". Es besagt, dass es für drei Personen, die anderen über eine positive Erfahrung mit Ihrem Unternehmen berichten, 33 Personen gibt, die eine Horrorgeschichte erzählen werden.

Wenn das alles auch nur teilweise stimmt – und ich sehe keinen Grund für die Annahme, dass dem nicht so ist –, dann hilft ein guter Kundendienst bestenfalls, die Anzahl negativer Auskünfte zu verringern. Er trägt nur geringfügig dazu bei, positive Äußerungen zu generieren.

Dennoch glauben zu viele Unternehmer, vor allem Neugründer, dass ein gutes Produkt oder ein guter Service ausreicht, damit die Kunden ihnen die Türe einrennen. Doch dazu gehört mehr: Sie müssen geschickt Empfehlungsmarketing betreiben.

Grundlegende Strategien zur Erzeugung einflussreicher Empfehlungen

Es ist ein beliebtes Märchen aus dem Geschäftsleben, dass positive Aussagen von allein entstehen. Das ist Wunschdenken. Doch selbst wenn es so wäre: Der Effekt kann nicht so schnell eintreten, dass sich Ihr Umsatz dadurch wesentlich erhöhen würde. Daraus ist zwangsläufig zu schließen, dass Sie etwas unternehmen müssen, um positive Äußerungen bzw. Empfehlungen zu generieren.

Wenn Sie durch Mundpropaganda Kunden gewinnen wollen, müssen Sie selbst etwas unternehmen, um Empfehlungen zu erzeugen.

Zwei Schlüsselstrategien weisen den Weg. Ihre Beschreibung bildet den Kern dieses Buches. Erfolgreiche Geschäftsleute, die aufgrund von Empfehlungen Kunden gewinnen, müssen zwei Dinge tun:

1. Ein einflussreiches, vielseitiges Kontaktnetzwerk aufbauen
2. Eine positive Botschaft formulieren und sie erfolgreich übermitteln

Die Einzelheiten dieser grundlegenden Strategien werde ich später noch ausführlich darlegen. Zunächst müssen Sie sich die Bedingungen bewusst machen, unter denen Sie normalerweise versuchen, neue Kunden zu gewinnen.

Verantwortung übernehmen

Die besten Empfehlungen, die ich erlebt habe, waren geplant – sie wurden nicht zufällig oder aus einem Wunschdenken heraus abgegeben. Für viele Geschäftsleute haben Empfehlungen Ähnlichkeit mit dem Wetter: „Natürlich ist das wichtig, aber was kann ich dazu tun?"

In mehr als zehn Jahren Forschung, Beobachtung und praktischer Erfahrung habe ich immer wieder feststellen können, dass ein Unternehmer sich nicht ausschließlich auf das unbestritten wichtige Thema „Kundendienst" konzentrieren darf. Um Kunden durch Empfehlungen Dritter zu gewinnen, gilt es, viel mehr zu tun.

Empfehlungen können geplant und gefördert werden. Ganz gleich, ob es sich um den Firmeninhaber selbst handelt, einen Verkäufer, einen Mitarbeiter in anderer Funktion oder sogar um einen Praktikanten: Sie alle können mit einer wohl durchdachten und systematisch umgesetzten Marketingstrategie zur Erzeugung von Empfehlungen viel erfolgreicher sein.

Nur allzu oft habe ich Geschäftsleute darauf warten sehen, dass die Kunden von allein zu ihnen kommen. Nur weil sie gute Qualität liefern, glauben sie, dass die Menschen vor ihrer Tür Schlange stehen. Ich befürchte, in Wahrheit funktioniert das nicht so. Sie müssen die Dinge selbst in die Hand nehmen – egal in welchem Bereich Sie geschäftlich tätig sind oder wie gut Sie sind. Sie müssen die Kunden zu sich holen. Ich habe einmal eine Karikatur mit zwei ausgehungerten Geiern gesehen, die auf einem Ast hockend über die ausgetrocknete Wüste schauten. Nach einer Weile sagte der eine zum anderen: „Wartest du etwa darauf, dass jemand stirbt? Lass uns doch einfach jemanden umbringen!" Das Gleiche gilt für Empfehlungsmarketing. Sie können nicht nur darauf warten, dass die Kunden zu Ihnen kommen. Wenn Sie das tun, werden sie von einem Ihrer Mitbewerber, der einen genauso guten Service bietet, abgefangen, noch bevor sie Ihre Tür erreichen. Wenn Sie Erfolg haben wollen, müssen Sie sich Ihre Kunden holen oder, noch besser, andere veranlassen, sie Ihnen zu schicken – und zwar durch Empfehlungen.

Erfolgreiche Unternehmer brauchen Biss

Es ist kein Geheimnis, dass die Konjunktur bestimmten Zyklen unterliegt. In jeder Rezession spüren Verkäufer, Firmeninhaber und Dienstleister die Auswirkungen. Verschiedenen Erhebungen zufolge – unter anderem von *U.S. Small Business Administration, American*

Entrepreneurs Association und von *Dun & Bradstreet* – schließen mehr als 50 Prozent aller Firmen ihre Pforten innerhalb der ersten sieben Jahre wieder. Während einer Rezession erhöht sich diese Zahl dramatisch. In dieser Ziffer nicht enthalten sind zudem die vielen Abteilungen, Werke oder ganze Sparten, die in schweren Zeiten von Großunternehmen aufgegeben werden. Das zeigt: Angesichts sich ständig verändernder wirtschaftlicher Bedingungen müssen Sie Ihren Mitbewerbern stets in irgendeiner Weise voraus sein.

Es ist schwierig, einen Vorteil zu erzielen, wenn Sie die gleichen Produkte oder Dienstleistungen wie Ihre Mitbewerber über die gleichen Vertriebskanäle der gleichen Zielgruppe anbieten.

Es ist jedoch nicht leicht, einen deutlichen Vorsprung zu gewinnen. Die meisten Firmen verlassen sich hierzu auf die eine oder andere Form von Werbung. Schauen Sie einmal in die Gelben Seiten: Sie finden Tausende von Anzeigen für fast jede Art von Geschäft und Beruf. Andere Unternehmen konzentrieren sich, um sich einen Vorsprung zu erarbeiten, über die Werbung hinaus auf den Direktvertrieb. Inhaber, Verkäufer oder andere Mitarbeiter suchen ihre Zielmärkte aktiv nach Kunden ab. Wer jedoch die gleichen Produkte oder Dienstleistungen wie sein Wettbewerber auf demselben Markt und noch auf demselben Weg anbietet, hat es schwer, einen Vorsprung zu gewinnen. Sie müssen also sehr kreativ sein, wenn Sie auf den heutigen Märkten mithalten wollen. Eine kreative Eigenvermarktung ist für erfolgreiche Firmen und für den Einzelnen im Beruf zu einer entscheidenden Voraussetzung für ihr Überleben geworden.

Es waren einmal drei Geschäftsinhaber, deren drei Schaufenster

Sie können die Konjunktur nicht beeinflussen. Sie können Ihre Konkurrenz nicht beeinflussen. Aber es liegt an Ihnen, wie Sie darauf reagieren.

im selben Gebäude nebeneinander lagen. Die Zeiten waren schlecht. In der Hoffnung, etwas zu verkaufen, stellte der erste von ihnen ein Schild mit der Aufschrift *„Schlussverkauf!!!"* ins Fenster. Darauf antwortete am anderen Ende der Fensterreihe der zweite mit einem Schild: *„Räumungsverkauf"*. Da wusste der dritte, dass er sich etwas einfallen lassen musste,

wenn er nicht große Umsatzeinbußen hinnehmen wollte. Nach sorg-
fältiger Überlegung hängte er ein noch größeres Schild mit der Aufschrift *„Haupteingang"* über seine Tür.

Die Moral von der Geschicht: Sie können die Konjunktur nicht beeinflussen. Sie können Ihre Mitbewerber nicht beeinflussen. Aber es
liegt an Ihnen, wie Sie auf Ihre Konkurrenz antworten.

Ihre Reaktion auf Konjunktur und Konkurrenz

Machen Sie sich klar, dass es in Ihrer Macht liegt, wie Sie auf die
Dinge um Sie herum reagieren. Der Entschluss, auf der soliden Basis
von Empfehlungen neue Kunden gewinnen zu wollen, ist der erste
Schritt. Ich bin durch das ganze Land gereist und habe vor Tausenden
von Geschäftsleuten Vorträge darüber gehalten, wie man mithilfe
von Empfehlungen Geschäfte macht. Auf einer dieser Reisen be-
suchte ich in Hartford, Connecticut, ein Treffen, das dem Austausch
von Geschäftskontakten diente. Damals litt die gesamte dortige Region unter einer schweren Rezession und alle Gespräche schienen
sich nur ein um einziges Thema zu drehen: „Die Geschäfte gehen
schlecht!" Die Stimmung war deprimierend, weil sich fast jeder nur
für die wirtschaftliche Lage und ihre Auswirkungen auf sein eigenes
Geschäft interessierte.

Ich wurde einem der vielen anwesenden Immobilienhändler vor-
gestellt. Angesichts des allgemeinen Wertverlustes bei Grundstücken
und Immobilien hatte ich keine Lust, diesem Herrn die Standard-
frage „Wie gehen die Geschäfte?" zu stellen. Ich wollte nicht noch
eine Variante der Geschichte vom Weltuntergang hören. Er erzählte
mir jedoch, dass es für ihn ein großartiges Geschäftsjahr sei. Das
überraschte mich natürlich und so fragte ich ihn: „Sagten Sie nicht,
Sie seien in der Immobilienbranche tätig?" „Ja." „Wir sind doch hier
in Connecticut, nicht wahr?" „Ja", antwortete er mit einem leichten
Grinsen. „Und trotzdem ist das für Sie ein großartiges Jahr?" „Um
genau zu sein, es ist für mich das beste Jahr, das ich je hatte!" „Ihr be-
stes Jahr!", wiederholte ich verwundert. Nachdem ich einem Moment lang nachgedacht hatte, fragte ich ihn: „Ist das Ihr erstes Ge-

schäftsjahr in dieser Branche?" „Nein", antwortete er lachend, „ich arbeite schon seit über zehn Jahren in der Immobilienbranche."

Ich fragte ihn nach den Gründen für seinen Erfolg, der angesichts der konjunkturellen Bedingungen und des Konkurrenzdrucks sehr ungewöhnlich sei. Er griff in seine Tasche und holte ein weiß-blaues Schild heraus:

> ## Ich weigere mich, die Rezession mitzumachen!!!

„Ist das Ihr Geheimnis?", fragte ich. „Sie weigern sich, die Rezession mitzumachen, und deshalb machen Sie gute Geschäfte?" „Ja, genau. Während sich die meisten meiner Konkurrenten die Augen darüber aus dem Kopf heulen, dass die Geschäfte so schlecht gehen, sorge ich durch Empfehlungen für eine Menge Geschäfte."

Während ich über das Gehörte nachdachte, blickte ich in den Raum und hörte für einen Augenblick den Leuten zu, wie sie darüber klagten, dass die Geschäfte so schleppend liefen. Sie bemitleideten sich gegenseitig und so gelangte ich zu der Erkenntnis, dass nur wenige von ihnen tatsächlich auf der Suche nach neuen Kunden waren. Daher konnten sie natürlich auch kaum Geschäfte machen. Wenn Sie also geschäftlich erfolgreich sein wollen, dann nützt es absolut nichts, sich bei anderen über schwere Zeiten zu beklagen. Die eine Hälfte der Zuhörer interessiert sich nicht dafür und die andere ist froh, dass es ihr besser geht als Ihnen.

Die negative Einstellung vieler Menschen kann leicht zu einer sich selbst erfüllenden Prophezeiung werden, die sich nur noch schwer abwenden lässt. Geisteshaltungen, ob positiv oder negativ, sind ansteckend. Denken Sie positiv! Umgeben Sie sich mit positiv denkenden Menschen. Wenn Sie Ihren Mitbewerbern voraus sein

Ihre Einstellung beeinflusst Ihr Einkommen.

wollen, dann dürfen Sie auf keinen Fall – und davon bin ich wirklich überzeugt – mit ihnen zusammen Trübsal blasen. Meine Unterhaltung mit dem erfolgreichen Makler bestärkte mich in dem Glauben, dass unsere innere Einstellung die Höhe unseres Einkommens beeinflusst.

Wenn Sie auch Konjunktur und Konkurrenz nicht beeinflussen können – so gilt das nicht, wie bei dem Makler und dem Ladenbesitzer
mit dem großen Schild deutlich wurde, für Ihre eigene Reaktion darauf. Für die sind nur Sie selbst verantwortlich. Lassen Sie nicht zu,
dass äußere Einflüsse Ihre Handlungsfähigkeit lähmen. Denn dann
werden Sie scheitern.

Heiße Tipps und Einsichten

1. Durch guten Kundendienst allein kann nicht so viel Umsatz wie
   durch Empfehlungsmarketing erzeugt werden.

2. Guter Service hilft, die Anzahl negativer Äußerungen über ein Unternehmen zu reduzieren oder verhindert sie ganz. Er trägt jedoch nur
   wenig oder gar nichts zur Erzeugung von Empfehlungen bei.

3. Wenn Sie durch Empfehlungen Kunden gewinnen wollen, dann
   müssen Sie selbst für Empfehlungen sorgen. Zu viele Unternehmer
   glauben, ein hervorragendes Produkt oder exzellenter Service allein
   genüge, damit die Kunden vor ihrer Tür Schlange stehen.

4. Die Höhe Ihres Einkommens hängt von Ihrer inneren Einstellung ab.
   Sie können weder Ihre Mitbewerber noch die Konjunktur, weder die
   Zinsen noch die Politik beeinflussen. Aber es liegt allein an Ihnen,
   wie Sie auf alle diese Herausforderungen reagieren.

Durch Empfehlungsmarketing können Sie Ihre Lage unabhängig
von den Wechselfällen der Konjunktur selbst bestimmen. Im weiteren Verlauf dieses Buches werden wir das genauer besprechen.

2. Der beste Weg zu neuen Kunden

Die Vorteile von Empfehlungen

Die Marketingrealität

Es ist an der Zeit, die Marketingrealität einmal einer genauen Prüfung zu unterziehen. Wie viele Möglichkeiten haben Sie, um neue Kunden zu gewinnen? Dutzende? Hunderte? Vielleicht Tausende? Raten Sie noch einmal. Versuchen Sie es mal mit vier. Richtig. Es gibt nur vier Hauptstrategien, die Sie zu diesem Zweck anwenden können. Sie glauben mir nicht? Hier sind sie: Erstens, Sie können Werbung machen. Oh ja, ich weiß, Sie können auf viele verschiedene Arten werben. Da wären das Radio, die Zeitung oder Zeitschriften und die Direktwerbung. Sie können auf Plakattafeln werben, im Fernsehen, auf Parkbänken, auf Kugelschreibern, Luftballons oder mit Broschüren. Wenn Sie etwas Ausgefallenes tun wollen, können Sie Ihre Botschaft sogar an den Himmel schreiben. Doch wenn der Staub sich legt und der Rauch sich verzieht, dann bleibt es letztlich doch immer Werbung.

Ich sage nicht, Sie sollen auf Werbung verzichten. Die meisten von uns machen Werbung. Sie kann sehr wirkungsvoll sein. Aber es ist egal, ob Ihre Firma „Procter and Gamble" heißt oder Ihnen der Blumenladen an der Ecke gehört: Ihr Werbeetat ist nicht unbegrenzt. Planen Sie Ihre Werbemaßnahmen einem mehr oder weniger festgelegten Budget entsprechend und legen Sie los! Dabei sollten Sie sich allerdings folgende Fragen stellen: „Bringt meine Werbung mir so viel ein, wie ich brauche oder gerne hätte?" „Verdiene ich aufgrund

> *Es spielt keine Rolle, ob Ihr Unternehmen „Procter and Gamble" heißt oder ob Ihnen der Blumenladen an der Ecke gehört – Sie können nicht unbegrenzt Geld für Werbung ausgeben.*

des enormen Geschäftsaufkommens, zu dem die Werbung mir oder meiner Firma verholfen hat, mehr Geld, als ich ausgeben könnte?" Lautet die Antwort „Nein", müssen Sie Ihr Werbebudget erhöhen. Ist das nicht möglich, müssen Sie eine andere Strategie anwenden.

In unserer Gesellschaft tobt ein erbitterter Kampf um den Kunden. Ihre Mitbewerber kämpfen um die gleichen Kunden wie Sie. Selbst in wirtschaftlich guten Zeiten kann Werbung nicht garantieren, dass Sie das Rennen vor Ihren Konkurrenten machen werden. Lassen Sie mich einmal eine grobe Schätzung abgeben: Mit Ihrer Werbung wollen Sie Personen ansprechen, die täglich mit fast tausend Werbebotschaften bombardiert werden. Diese konstante Überschwemmung bedeutet, dass Ihre Zielgruppe potenziell viele Alternativen hat, um sich mit den von Ihnen angebotenen Produkten oder Leistungen zu versorgen.

In schlechten Zeiten funktioniert Werbung möglicherweise gar nicht, denn dann ist die verfügbare Geldmenge, um die Sie und Ihre Mitbewerber sich bemühen, ingesamt kleiner. Gleichzeitig achten die Menschen stärker darauf, welchen Gegenwert sie für ihr Geld erhalten. Ich habe nichts gegen Werbung. Jedes Unternehmen, in dem ich gearbeitet habe, das ich besaß oder das ich kannte, hat in der einen oder anderen Form Werbung betrieben. Traditionelle Formen der Werbung können jedoch teuer sein. Der Durchschnittspreis für eine etwa 60 x 100 mm große Anzeige, schwarzweiß, in einer überregionalen deutschen Tageszeitung beträgt 2003/2004 rund 2460 €. Wenn Sie ein ganzes Jahr lang eine Anzeige dieser Größe nur einmal pro Woche schalten wollten, müssten Sie 127.920 € ausgeben. Selbst wenn Sie einen Häufigkeitsrabatt von 25 Prozent erhielten, müssten Sie noch immer mehr als 95.940 € bezahlen. Ausgaben in dieser Höhe sind für praktisch alle Start-up-Firmen, für viele noch relativ junge Firmen, aber auch für zahllose etablierte Unternehmen nicht tragbar.

TV- oder Radio-Werbung ist noch teurer. Ein Werbespot von 30 Sekunden im Hörfunk, der nicht einmal zur wichtigsten Sendezeit wie beispielweise in einem Mittagsmagazin zu hören ist, kostet Sie durchschnittlich 1800 € – und das bei nur einer einzigen Ausstrahlung. Jede konsequente Werbung in diesem Medium erfordert jedoch mindestens vier bis sechs Wiederholungen eines Werbespots. Damit summieren sich die Ausgaben schnell.

Wenn Sie über diese Mittel verfügen und die richtige Zielgruppe ansprechen, können Sie die Realisierung Ihrer Pläne durch Werbung in den verschiedenen Medien beschleunigen. Ich hoffe jedoch, dass

Frankfurter Allgemeine Zeitung	ca.	3600,– €
Frankfurter Rundschau	ca.	1900,– €
Bremer Nachrichten	ca.	980,– €
Stuttgarter Zeitung	ca.	3100,– €
Süddeutsche Zeitung	ca.	4600,– €
Die Welt	ca.	580,– €

Abb. 2.1: Kosten für die einmalige Schaltung einer etwa 60 x 100-mm-Anzeige (s/w) im Textteil einiger deutscher Tages- und Wochenzeitungen

Sie sich unter anderem dehalb zur Lektüre dieses Buches entschlossen haben, weil Sie sich auch für wirksame Alternativen interessieren.

Sie können auch – die zweite Möglichkeit zur Steigerung Ihres Umsatzes – eine Public-Relations-Kampagne starten. Ein solcher Feldzug kann ebenfalls sehr wirkungsvoll sein. Er ist allerdings ebenfalls sehr kostspielig und besonders für Kleinunternehmen zeitraubend. Große Firmen beauftragen PR-Agenturen mit der Umsetzung ihrer PR-Strategien. Doch auch dadurch wird die

Eine gute PR-Kampagne kann sehr wirkungsvoll sein. Aber sie kann für eine kleine Firma auch sehr teuer und zeitaufwändig sein.

Glaubwürdigkeit des einzelnen Verkäufers beim Kunden „vor Ort" nicht wirklich verbessert. Wenn Ihre Firma zu klein ist, um eine PR-Agentur zu engagieren, oder wenn Sie im Vertrieb eines Großunternehmens tätig sind, müssen Sie Ihre eigene, auf die persönlichen Bedürfnisse zugeschnittene PR-Strategie entwickeln.

Mit einer guten PR-Strategie können Sie Ihre Vertrauenswürdigkeit verbessern, was sich wiederum auf die Umsetzung einer Empfehlungsmarketing-Strategie positiv auswirken wird. In Kapitel 8 werde ich auf die Bedeutung einer guten PR-Strategie zur Flankierung Ihrer Bemühungen im Empfehlungsmarketing eingehen. Machen Sie sich jedoch klar, dass PR nur das Umfeld für Geschäfte bereitet. Nur manchmal werden dadurch unmittelbar Kunden gewonnen. Obgleich die Bedeutung nicht unterschätzt werden sollte, führt PR nur selten zu einer kurzfristigen Ertragssteigerung. Daher kann sich keine Firma ausschließlich auf PR-Aktivitäten stützen.

Der dritte Weg zu mehr Kunden führt schließlich über Empfehlungen. Sie sind seit langem als kostengünstigste Form der Unternehmenswerbung anerkannt. Für Tom Peters, den Autor von *Thriving on Chaos* (deutscher Titel *Kreatives Chaos*), gehören Empfehlungen zu den wichtigsten Möglichkeiten der Kundengewinnung. Peters behauptet, dass man Werbung in Form von Empfehlungen ebenso systematisch und strategisch einsetzen muss wie andere Werbe- und Marketingmaßnahmen. Dennoch, so stellt er fest, findet man in den Marketingplänen nie eine Rubrik „Kommunikation durch Empfehlungen". Auch ich glaube, dass Sie ohne einen systematischen Plan kaum beeindruckende Ergebnisse erzielen werden. Viele Geschäftsleute nehmen fälschlicherweise an, dass Empfehlungen durch guten Service zustande kommen. Allerdings haben die meisten Marktforschungsstudien gezeigt – wie bereits an früherer Stelle in diesem Buch gesagt –, dass die Verbraucher zehnmal eher über Sie sprechen, wenn sie mit dem von Ihnen gebotenen Service nicht zufrieden sind. Wenn Sie wirklich erfolgreich Empfehlungen herbeiführen wollen, dann besteht der beste Weg darin, einen entsprechenden Plan bzw. eine Strategie zu entwickeln.

Für viele Leute gibt es alternativ zu Werbung und PR noch ein weiteres Marketinginstrument. Richtig, der Telefonverkauf. Allein der Begriff lässt einen erschauern. Wer – falls er bei klarem Verstand ist – würde angesichts anderer Alternativen gerne den Rest seines Berufslebens damit verbringen, Telefonakquise zu betreiben?

So viel also zu unserer Überprüfung der Marketingrealität. Von den oben beschriebenen vier Hauptstrategien empfehle ich die Werbung. Die meisten Firmen haben hierfür jedoch nur ein begrenztes Budget. PR wird am besten in Verbindung mit anderen Marketingaktivitäten durchgeführt. Und zuletzt: Ich weiß nicht, wie es um Sie steht, ich habe mir jedenfalls vor vielen Jahren geschworen, niemals wieder in meinem Leben am Telefon verkaufen zu müssen. Damit bleibt nur noch ein Weg: Empfehlungen.

Eine kostengünstige Form der Werbung

Empfehlungen sind Werbung. Allerdings erfordern sie genau wie alle anderen Arten der Werbung eine sorgfältige Planung, damit Aufwand und Zeit sich lohnen. Sie sind – das werden Sie bald feststellen – sehr kostengünstige Werbeträger. Aber ohne eine wohl durchdachte Empfehlungsmarketing-Strategie können Sie davon nicht profitieren.

Marketing Strategie	unmittelbares Ziel	langfristiges Ziel	Kosten	Vorteile
Werbung	Aufmerksamkeit erregen, Kontakte zu potenziellen Kunden vermitteln	Imageverbesserung auf dem Markt, Absatzförderung	hohe Ausgaben für die Medien	breite Streuung oder Ansprache der Zielgruppe
Öffentlichkeitsarbeit (PR)	Aufmerksamkeit erregen	Imageverbesserung auf dem Markt, begrenzte Absatzförderung	hohe Ausgaben für PR-Spezialisten	breite Streuung
Mundpropaganda (Empfehlung)	Kontakte zu potenziellen Kunden vermitteln	Absatzförderung	Zeitaufwand	breite Streuung oder Ansprache der Zielgruppe, effiziente und lang anhaltende Wirkung
Telefonverkauf	Kontakte zu potenziellen Kunden vermitteln (durch Direktansprache)	Absatzförderung	beträchtlicher Zeitaufwand, Schuhsohlen, Geduld	???

Abb. 2.2: Vier Möglichkeiten der Gewinnung von Neukunden

Obwohl viele Führungskräfte und Unternehmer den Wert kennen, den Empfehlungen für ihr Unternehmen besitzen, wissen sie nicht, wie sie diese in großer Anzahl konsequent herbeiführen können. Und was noch schlimmer ist: Ihnen ist nicht bewusst, dass viele Menschen genau in diesem Augenblick auf der Suche nach ihrem Produkt oder ihrer Dienstleistung sind.

Menschen wollen Empfehlungen

Niemand will das Telefonbuch aufschlagen, wenn er einen Rechtsanwalt benötigt. Keiner will sich einen Immobilienmakler aus den Gelben Seiten heraussuchen – oder einen Steuerberater oder einen Chiropraktiker, einen Versicherungsmakler, einen Zahnarzt oder einen Mechaniker. Menschen wollen Empfehlungen! Das einzige Problem dabei besteht seit jeher darin, die Suchenden mit den Anbietern der Produkte und Dienstleistungen zusammenzuführen. Eine gezielte Empfehlungskampagne beginnt mit der Erkenntnis, dass bestimmte Menschen Sie und Ihr Leistungsangebot ebenso dringend brauchen, wie Sie umgekehrt das Geschäft mit ihnen suchen. Menschen aus allen Schichten und in allen Lebensbereichen wollen Empfehlungen. Das gilt nicht nur für Geschäftsleute, sondern generell. Nur wenige wollen sich beispielsweise ihren Zahnarzt mithilfe einer Zeitungsanzeige aussuchen. Menschen wollen mehr persönliche Informationen, bevor sie sich entscheiden.

Wer jemanden aufgrund einer Zeitungsanzeige engagiert, weiß nicht, wen oder was er bekommen wird. Vor Jahren hat einmal eine Bank in San Diego einen Privatdetektiv mit der Suche nach einem Bankräuber und seiner Beute beauftragt. Die

Empfehlungen sind seit langem als kostengünstigste Form der Werbung für Unternehmen anerkannt.

Spur führte nach Mexiko. Der Detektiv überquerte die Grenze und stellte dann fest, dass er einen Dolmetscher brauchte. So schaute er in das Telefonbuch und engagierte den ersten Dolmetscher ganz oben auf der Liste der Gelben Seiten.

Nach vielen Tagen gelang es ihm endlich, den Räuber gefangenzunehmen und ihn mittels Dolmetscher zu fragen: „Wo haben Sie das

Geld versteckt?" Der antwortete ihm auf spanisch: „Welches Geld, ich habe keine Ahnung, wovon Sie reden." Daraufhin zog der Detektiv seine Pistole, richtete sie auf den Verdächtigen und forderte den Dolmetscher auf: „Sagen Sie ihm, dass ich ihn auf der Stelle erschießen werde, wenn er mir nicht sagt, wo das Geld ist." Da sagte der Räuber zu dem Übersetzer: „Señor, ich habe das Geld in einer Kaffeedose unter dem vierten Dielenbrett in der Herrentoilette auf der zweiten Etage des Palacio Hotels auf der Via Del Rio in La Paz versteckt." „Was sagt er?", fragte der Detektiv den Dolmetscher. „Señor", antwortete dieser ihm, nachdem er einen Augenblick nachgedacht hatte, „er sagt, er sei bereit, zu sterben wie ein Mann!"

Immer wenn Sie jemanden ausschließlich aufgrund einer Anzeige engagieren, ohne dass Sie weitere Informationen über ihn besitzen, gehen Sie möglicherweise ein hohes Risiko in Bezug auf die Qualität der erbrachten Leistung ein. Durch Empfehlungen wird dieses Risiko wesentlich verringert.

„Empfehlungsgeschäfte" sind gute Geschäfte

Vergleichen Sie den durch eine Zeitungsanzeige entstandenen Kontakt zu einem Interessenten mit einem Kontakt, der durch die Vermittlung eines Bekannten herbeigeführt wurde. Wenn Sie sich auf einen anderen berufen können, gelingt Ihnen ein Geschäftsabschluss leichter und kostengünstiger. Zudem gibt es bei Kunden oder Klienten, die durch Empfehlungen gewonnen werden, oft weniger Missverständnisse oder Enttäuschungen. Wenn ich bei meinen Vorträgen die Zuhörer frage, warum Empfehlungsgeschäfte besser sind als Geschäfte durch Anzeigenwerbung, dann sagen sie mir, dass Empfehlungsgeschäfte

➢ leichter abzuschließen sind,
➢ weniger Überzeugungsarbeit erfordern,
➢ loyalere Kunden bringen,
➢ durch eine engere Kundenbindung gekennzeichnet sind und
➢ auf mehr Vertrauen basieren.

Ein Geschäft, das durch die Empfehlung eines gemeinsamen Freundes oder eines Bekannten zustande kommt, beruht auf mehr Vertrauen. Dies kommt Ihnen und Ihrem Produkt oder Ihrer Dienstleistung zugute. Die Vermittlung solcher Geschäfte durch Dutzende anderer Menschen – das ist das Ziel des erfolgreichen Empfehlungsmarketings. Dieses Buch wird Ihnen zeigen, wie es geht.

Eigenlob für Empfehlungen – ausgerechnet in Werbetexten

Warum gibt es nur in wenigen Firmen einen Plan zur Kundengewinnung durch Empfehlungen? Und das, obwohl meistens sehr wohl irgendeine Art von Marketingplan existiert?

Es ist Ironie, wenn Unternehmen ausgerechnet in ihren Werbetexten darauf hinweisen, wie werbewirksam Empfehlungen für sie waren. Das ist etwa so, als würden sie potenziellen Kunden sagen: „Meistens brauchen wir für Anzeigen wie diese kein Geld ausgeben, da viele Kunden durch Empfehlung zu uns kommen. Welch ein Glück für Sie – falls Sie keinen unserer Kunden kennen –, dass wir diese Anzeige geschaltet haben."

Im Radio hörte ich einmal einen Werbespot einer mittelgroßen Bank. Darin wurde zuerst seitens der Bank gefragt: „Würden Sie Ihre Bank einem Freund empfehlen?" Dann rühmte man sich, dass die meisten Neukunden durch Empfehlungen anderer Kunden kämen. Die Bank würdigte somit ihre durch Empfehlung gewonnenen Kunden – so sehr, dass sie sich bemüßigt fühlte, darauf sogar in ihren Werbetexten hinzuweisen.

Einige Unternehmen weisen – ausgerechnet in ihrer Werbung – darauf hin, wie viele Kunden sie durch Empfehlungen gewinnen.

Kürzlich hörte ich eine andere Radiowerbung, diesmal für ein Geschäft in unserer Gegend. 50 von 60 Sekunden wurde nur über die große Bedeutung von Empfehlungen für die Aktivitäten dieses Hauses gesprochen. In den letzten zehn Sekunden verkündete man, dass

Heiße Tipps und Einsichten

1. Eine systematische Empfehlungskampagne beginnt mit der Erkenntnis, dass ein Teil der Bevölkerung Sie und Ihr Leistungsangebot ebenso dringend braucht, wie Sie das Geschäft mit ihm suchen.

2. Empfehlungen sind so wirksam, weil sie das Risiko verringern – für den Kunden und für den Anbieter des Produkts oder der Dienstleistung.

3. Ein Geschäftskontakt, bei dem Sie sich auf jemanden berufen können, führt leichter zu einem Abschluss und kostet weniger.

4. Häufig gibt es bei Kunden oder Klienten, die durch Empfehlungen gewonnen werden, weniger Missverständnisse oder Enttäuschungen.

5. Empfehlungsgeschäfte sind leichter abzuschließen und bedürfen weniger Überzeugungsarbeit. Sie sind durch größere Loyalität und eine engere Kundenbindung gekennzeichnet.

6. Einige Unternehmen schätzen Kunden, die aufgrund von Empfehlungen zu ihnen kommen – so sehr, dass sie sich bemüßigt fühlen, in ihren Werbetexten darauf hinzuweisen.

7. Sie können nicht darauf warten, dass man Sie empfiehlt, sondern Sie brauchen eine Strategie, um Empfehlungen zu veranlassen.

mehr als 80 Prozent aller Kunden durch Empfehlungen gewonnen würden, während die übrigen 20 Prozent nach „Werbung wie dieser" zu ihnen kämen. Manchmal frage ich mich, ob jemand, der so für sich wirbt, tatsächlich so häufig empfohlen wird. Oder will er nur an diesem Image verdienen?

In diesem Kapitel haben wir die vier Möglichkeiten betrachtet, die Ihnen zur Vermarktung Ihrer Produkte und Dienstleistungen zur Verfügung stehen, und die Bedeutung von Empfehlungen untersucht. Im folgenden Kapitel werde ich Ihnen zeigen, wie Sie Ihre eigene Empfehlungsmarketing-Strategie so entwickeln, dass Sie von diesem wertvollen Konzept möglichst viel profitieren.

3. Kundengewinnung durch Empfehlung
Auf feindlichen Märkten siegen
Empfehlungen planen

Wir wissen alle, da draußen tobt ein Krieg: Wir leben in einer Geschäftswelt, die durch großen Konkurrenzdruck geprägt ist. Dort trifft man in der Regel auf drei Typen von Geschäftsleuten: 1. die Macher, 2. diejenigen, die darauf warten, dass andere etwas für sie machen, und 3. diejenigen, die hinterher fragen: „Was habt ihr gemacht?" Ich habe viele Unternehmer und Geschäftsleute getroffen, die nicht wussten, was ihnen letztlich den entscheidenen Schlag versetzt hatte, der sie zur Aufgabe zwang. Sie waren auf die tägliche Herausforderung, immer neue Geschäfte akquirieren zu müssen, schlecht vorbereitet. Durch die zunehmende Globalisierung wird die Vermarktung Ihres Unternehmens nicht einfacher werden. Aus noch mehr Ecken und von noch mehr Seiten tauchen Konkurrenten auf. Sie können über Ihr Unternehmen sprechen, Werbung und PR dafür machen. Dennoch werden Kunden durch nichts leichter gewonnen als

> *Empfehlungsmarketing: ein Weg, um Dutzende von unbezahlten Verkäufern für Ihr Unternehmen tätig werden zu lassen. Sie verteilen Ihre Visitenkarten und empfehlen Ihre Dienstleistungen oder Produkte.*

durch einen Dritten, der ihnen sagt, dass Ihre Leistungen die besten in der Stadt sind. Ich habe schon gesagt, dass Sie das Thema Empfehlungen nicht sich selbst überlassen dürfen. Sie brauchen einen speziellen Plan, um Empfehlungen zu initiieren. Erfolgreiche Geschäftsleute müssen heute mehr als je zuvor die Strategie der Kundengewinnung durch Empfehlungen einsetzen. Gemeint ist ein gut geplantes, gut durchgeführtes „Empfehlungsprogramm", mit dessen Hilfe Sie positive Aussagen über sich bzw. über Ihr Unternehmen vervielfältigen können. Durch das System, das ich Ihnen hier vorstellen werde, gewinnen Sie Dutzende von Menschen, die für Sie oder Ihr Unternehmen als Verkäufer tätig werden.

Zwei Schlüsselstrategien

Dieses Buch konzentriert sich vor allem auf zwei Schlüsselstrategien, deren Anwendung Sie zum Meister des Empfehlungsmarketings macht. Mit dem hier vorgestellten Programm werden Sie die Anzahl der aufgrund von Empfehlungen gewonnenen Kunden sofort positiv beeinflussen. Das Programm basiert auf folgenden Einzelstrategien:

(A) Aufbau eines einflussreichen, vielseitigen Kontaktnetzes

1. Bestimmen Sie Ihre Kontaktsphäre, räumen Sie mit alten Mythen auf, erweitern Sie Ihren Einflussbereich, knüpfen Sie enge und lose Kontakte, werden sie „Pförtner", erkennen Sie unerwartete Quellen für Empfehlungen.
2. Machen Sie Ihre Firma zu einem Knotenpunkt, vermeiden Sie die „Höhlenbewohner-Mentalität", machen Sie sich den Unterschied zwischen Netzwerken für den Austausch von Wissen und Netzwerken für die Weitergabe von Kontakten klar.
3. Gestalten Sie Ihre geschäftlichen Netzwerke vielseitiger. Lernen Sie, welchen Gruppen Sie beitreten sollten, warum Vielseitigkeit wichtig ist, welche verschiedenen Typen von Netzwerken es gibt und wie Sie die richtigen Gruppen finden.

(B) Formulierung einer positiven Botschaft und ihre erfolgreiche Übermittlung

1. Die Grundlage für Ihre Strategie schaffen, das gewünschte Image aufbauen, sich „Networking-Fertigkeiten" aneignen und Anreize für Menschen schaffen, Sie zu empfehlen.
2. In Netzwerken aktiv sein, sich anderen vorstellen können, Kontakttreffen bewältigen, die „Zehn Gebote für ein erfolgreiches Kontakttreffen" anwenden können, Gastgeber eines eigenen Kontakttreffens sein, andere empfehlen und selbst empfohlen werden.

3. Dauerhafte Beziehungen aufbauen, pflügen statt jagen, die Schlüssel für erfolgreiches Networking kennen lernen, den Unterschied zwischen „im Netzwerk arbeiten" und „im Netz ausruhen" erkennen.

Eine wirksame Strategie zur Kundengewinnung durch Empfehlungen besteht also im Aufbau eines einflussreichen, vielseitigen Kontaktnetzes und einer positiven Botschaft,

Zur Kundengewinnung durch Empfehlungen gehören ein einflussreiches, vielseitiges Kontaktnetz und eine positive, wirksam übermittelte Botschaft.

die wirksam übermittelt werden muss. Beides zusammen führt durch Empfehlungen zu neuen Kunden. In den beiden Teilen dieses Buches werden diese beiden Strategien (vgl. A und B in Abb. 3.1) näher beschrieben. Mit ihrer Hilfe gelingt es Ihnen leichter, qualitativ gute Empfehlungen für Ihr Geschäft zu erzeugen.

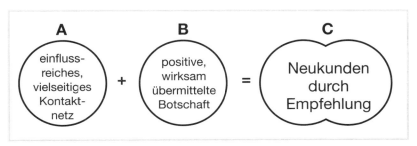

Abb. 3.1: Formel zur Kundengewinnung durch Empfehlungen

Das Empfehlungsgitter

Durch ein einflussreiches, vielseitiges Kontaktnetz und eine positive, wirksam übermittelte Botschaft entstehen Empfehlungen, durch die Sie mehr Kunden gewinnen. Wie Sie dem Empfehlungsgitter (vgl. Abb. 3.2) entnehmen können, lässt sich das gewünschte Ergebnis nur unter Anwendung beider Strategien erzielen. Dies wird in der oberen rechten Ecke des Gitters durch die „Fünf-zu-fünf-Beziehung" dargestellt. Jeder, der die beiden Komponenten erfolgreich miteinander kombiniert, hat den Empfehlungsmarketing-Prozess im Griff. Daher habe ich die entsprechende Person im Gitter als „Meister" bezeichnet.

Haben Sie ein einflussreiches, vielseitiges Kontaktnetz, aber keine positive, wirkungsvoll zu übermittelnde Botschaft, dann sind Ihnen die so mühsam erarbeiten Kontakte kaum von Nutzen. Das wird durch die „Fünf-zu-eins-Beziehung" in der oberen linken Ecke des Netzes illustriert. Den entsprechenden Typ bezeichne ich als „Charmeur", weil er ein besonderes Talent hat, andere Menschen zu treffen und mit ihnen ins Gespräch zu kommen. Leider sind die Bemühungen des Charmeurs tendenziell wenig zielgerichtet, weil er keine positive Botschaft erzeugt hat, die er übermitteln könnte. Der Charmeur knüpft eine Menge Kontakte, die jedoch nur selten zu Geschäftsabschlüssen führen.

Haben Sie andererseits eine positive Botschaft formuliert, ohne dass Sie über ein einflussreiches, vielseitiges Kontaktnetz verfügen, dessen Mitglieder bereit sind, Sie zu empfehlen, dann trifft Ihre Botschaft auf taube oder – noch schlimmer – auf gar keine Ohren. Das repräsentiert die „Eins-zu-fünf-Beziehung" in der unteren rechten Ecke des Gitters. Diesen Personentyp nenne ich „Jäger", weil er häufig unterwegs ist, um große Beute zu machen. Der Jäger hat eine positive Botschaft entwickelt und kann sie auch effektvoll übermitteln, doch er hat sich nicht die nötige Zeit genommen, um solide, vertrauensvolle Beziehungen aufzubauen.

Personen, die weder eine positive Botschaft formuliert haben noch über ein Kontaktnetz verfügen, sind durch die „Eins-zu-eins-Beziehung" in der linken unteren Ecke des Gitters veranschaulicht. Diesen Typ nenne ich den „Einsiedler", da er in Bezug auf beide Schlüsselstrategien noch am Anfang steht.

Personen, die an beiden Seiten Fortschritte erzielen, sind irgendwo zwischen den „Fünf-zu-eins-" und den „Eins-zu-fünf-Punkten" anzuordnen. Dies veranschaulicht die „Drei-zu-drei-Beziehung" in der Mitte des Gitters. Ich nenne diese Personen „Lehrlinge", weil sie beide Strategien in ausgewogener Weise anwenden, aber noch einen

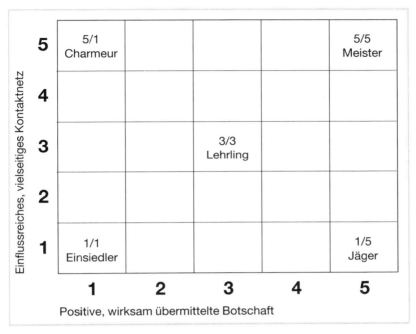

Abb. 3.2: Das Empfehlungsgitter

weiten Weg vor sich haben, bevor sie einen beträchtlichen Teil ihrer Kunden durch Empfehlungen gewinnen.

Nur die erfolgreiche Entwicklung und Anwendung beider Komponenten – das einflußreiche, vielseitige Kontaktnetz und die positive, wirksam übermittelte Botschaft – führen durch Empfehlungen zu mehr geschäftlichem Erfolg. Das wird durch den „Fünf-zu-fünf-Punkt" im Gitter dargestellt. Menschen, die das erreicht haben, sind Meister des Empfehlungsmarketings, weil sie unter Anwendung von Zeit und Mühe die beiden Schlüsselstrategien zur Kundengewinnung durch Empfehlungen erfolgreich kombiniert haben.

Heiße Tipps und Einsichten

1. Erfolgreiche Geschäftsleute setzen auf die Strategie der Kundengewinnung durch Empfehlungen. Dies ist ein wohl durchdachtes und gut umsetzbares Programm zur Erzeugung von Empfehlungen – mit dem Ziel, sich selbst zu „vervielfältigen".

2. Durch die Anwendung von zwei Schlüsselstrategien können Sie ein Meister des Empfehlungsmarketings werden. Dabei werden Sie sofort feststellen, dass man Sie häufiger empfiehlt und dass Sie entsprechend mehr Kunden gewinnen.

3. Knüpfen Sie ein einflussreiches, vielseitiges Kontaktnetz, indem Sie Ihre geschäftlichen Netzwerke diversifizieren und Ihre Kontaktsphäre ausdehnen.

4. Erzeugen Sie eine positive Botschaft und übermitteln Sie sie anderen, indem Sie den Grundstein für Ihr Programm legen, an Ihren Netzwerken arbeiten und dauerhafte Beziehungen aufbauen.

5. Der einzige Weg, um durch Empfehlungen neue Kunden zu gewinnen, führt – wie im Empfehlungsgitter veranschaulicht – über die Kombination eines vielseitigen Kontaktnetzes mit einer positiven Botschaft und ihrer wirksamen Übermittlung.

Teil II

Ein einflussreiches, vielseitiges Netzwerk

Die notwendige Infrastruktur, um Ihr Unternehmen bekannt zu machen

4. Es kommt auf die richtigen Beziehungen an

Enge und lose Kontakte nutzen

Das Netzwerk der „Old Boys" und andere tolle Märchen

Es ist nicht so, dass die Netzwerke der „Old Boys" nicht existierten. Jeder weiß, dass es sie gibt. Aber anzunehmen, dass man, ohne ihnen anzugehören, kein eigenes Netzwerk aufbauen könnte, ist ein Mythos. Die Netzwerke der „Old Boys" sind heute längst nicht mehr die einzigen – und in vielen Fällen nicht einmal die besten.

Einige der von Männern dominierten, seit Jahren existierenden Einrichtungen waren als passive Netzwerke gedacht oder sind dazu geworden. Ihre Mitglieder wollen das Potenzial ihrer Gruppen nicht geschäftlich nutzen.

Im Gegensatz dazu kennzeichnen die meisten der in den letzten zwei Jahrzehnten entstandenen Frauennetzwerke den Beginn der Netzwerkrevolution. Diese Gruppen wurden mit dem vorrangigen Ziel gegründet, auf ihren Versammlungen geschäftliche Kontakte zu knüpfen. Sie bieten ihren Mitgliedern die Gelegenheit, in einer strukturierten, professionellen Umgebung geschäftliche Interessen zu verfolgen. Man trifft sich – und das wird allgemein akzeptiert – aus keinem anderen Grund als dem, miteinander ins Geschäft zu kommen oder sich gegenseitig Kunden zu vermitteln. Dieses Phänomen hat, wie wir aus den vorangehenden Kapiteln wissen, heute auch über die reinen Frauennetzwerke hinaus Verbreitung gefunden.

Die Netzwerke der „Old Boys" existieren tatsächlich. Aber es ist ein Märchen, dass Sie ohne diese kein Networking betreiben könnten.

Einige Menschen glauben an das Märchen, dass jemand, der seinen Abschluss nicht an der richtigen Universität erworben hat, für

den Rest seines Lebens von den begehrtesten Netzwerken ausge-
schlossen ist. Verschiedene Universitäten sind für solche Netzwerke
bekannt. Dass sie ihrem Ruf oftmals nicht gerecht werden, zeigt das
folgende Beispiel.

Vor Jahren promovierte ein Freund von mir an einer größeren privaten Universität in Südkalifornien. Am ersten Tag verbrachte einer
der Professoren fast 90 Minuten damit, seine Studenten über das
Netzwerk der „Old Boys" aufzuklären und darüber, wie es ihnen für
den Rest ihres Lebens sämtliche Türen öffnen würde. „Na ja",
meinte mein Freund kürzlich, „das ist jetzt fast zehn Jahre her und
bisher hat mir kein einziger Abgänger dieses Jahrgangs auch nur
einen einzigen Kunden vermittelt."

Es spielt keine Rolle, welche Universität Sie besuchen oder welchem Verein Sie angehören. Passive Netzwerke bringen nur passive
Ergebnisse. Aufgrund Ihres Studentenausweises oder Ihrer Mit-
gliedskarte kommen keine neuen Kunden zu Ihnen. Sie werden nur
dann durch Empfehlungen Geschäfte machen, wenn Sie sich Ihr eigenes Kontaktnetz aufbauen.

Erweitern Sie Ihren allgemeinen Einflussbereich

Die Basis aller Aktivitäten im Empfehlungsmarketing sind Menschen. Die Gesamtzahl aller Menschen, mit denen Sie in einem
Netzwerk zusammenarbeiten, bildet Ihren Einflussbereich. Er besteht aus Personen, die Sie entweder gut oder oberflächlich kennen.
Machen Sie, um Ihren Einflussbereich zu bewerten, eine Aufstellung aller Personen, die Sie bereits kennen. Möglicherweise
gehören Sie auch zu denen, die selbst zu Menschen, die sie schon
lange kennen, keine wirksamen Netzwerkbeziehungen geknüpft
haben. Eine solche Liste anzufertigen ist ganz einfach. Fragen Sie
sich „Wen kenne ich?" oder „Wer kennt mich?". Hierzu gehört jeder, mit dem Sie persönlich oder privat etwas zu tun haben oder etwas zu tun haben könnten:

> Kunden
> Geschäftsfreunde
> Verkäufer
> Geldgeber
> Angestellte
> Freunde
> Familienmitglieder
> andere

Gehen Sie Ihre Adressdatenbank durch, Ihr Adressbuch und das Kästchen mit den Visitenkarten, und sortieren Sie alle Leute aus, die weggezogen sind oder zu denen Sie keinen Kontakt mehr haben. Analysieren Sie Ihre Beziehungen zu denen, bei denen Sie das Gefühl haben, dass sie noch aktuell sind, und stellen Sie sich die Frage: „Wie gut kenne ich sie?" Legen Sie dann für jeden Namen fest, ob es sich um einen engen

Ihr Einflussbereich wird umso größer, je mehr Menschen mit Ihnen aktiv in Netzwerken zusammenarbeiten.

Kontakt (ein Geschäftsfreund, mit dem Sie aktiv zusammenarbeiten werden) oder einen losen Kontakt handelt (ein Bekannter, mit dem Sie passiv zusammenarbeiten werden).

Aktives und passives Networking

Aktives Networking mit anderen Personen bedeutet, sie zu einer oder mehrerer der Netzwerkorganisationen, in denen Sie Mitglied sind, einzuladen, mehrere ihrer Visitenkarten ständig bei sich zu führen und sie vor allem, wann immer Sie hierzu eine Gelegenheit haben, anderen zu empfehlen. Aktives Networking bedeutet nämlich, dass diese Beziehungen auf Gegenseitigkeit beruhen.

Ich persönlich mache lieber Geschäfte mit Leuten, die auch Geschäfte mit mir machen. Warum sollten Sie jemandem, der nicht bereit ist, auch Ihnen einen Gefallen zu tun, einen Kunden schicken? Es gibt in Ihrer Gegend Hunderte, vielleicht Tausende kompetenter, zuverlässiger Anbieter für jedes beliebige Produkt oder jeden Service. Um Ihnen einen Gefallen zu tun, müssen andere Ihnen nichts abkaufen. Statt dessen könnten sie einem Ihrer Netzwerke beitreten, Ihre Visitenkarten bei sich tragen oder Sie einfach Menschen weiterempfehlen, die das von Ihnen angebotene Produkt bzw. die Dienstleistung suchen.

Passives Networking mit anderen Personen bedeutet, dass Sie gelegentlich ihre Unterstützung benötigen, ohne – aus welchen Gründen auch immer – aktiv mit ihnen zusammenzuarbeiten. Möglicherweise sind die entsprechenden Leute in einem so engen Marktsegment tätig, dass es Ihnen nicht möglich ist, sie zu unterstützen. Vielleicht haben sie Ihnen auch gesagt, dass sie an der Mitarbeit in einem Netzwerk nicht interessiert sind. Oder ihr Standort ist zu weit weg, um sie regelmäßig empfehlen zu können.

Enge und lose Kontakte

Es ist wichtig, sowohl enge als auch lose Kontakte zu haben – aus jeweils unterschiedlichen Gründen. Einen engen Kontakt haben Sie meist zu persönlichen Freunden, zu Mitgliedern Ihres engeren Familienkreises, zu Ihrem Lebensgefährten, zu Lieblingskunden und zu engen Geschäfts- oder Netzwerkfreunden. Mit ihnen können Sie aktiv im Netz zusammenarbeiten. Menschen, zu denen Sie einen engen Kontakt pflegen, sind bereit, Sie zu unterstützen. Solche Kontakte tendieren jedoch zu „geschlossenen Gesellschaften", die sich nicht sehr verändern und in denen Ihnen immer wieder dieselben Interessenten für Ihre Produkte oder Dienstleistungen genannt werden.

Enge Kontakte bestehen zu persönlichen Freunden, Familienmitgliedern, Lebensgefährten, Lieblingskunden und engen Geschäftsfreunden. Mit ihnen können Sie aktiv in einem Netzwerk zusammenarbeiten.

Zu den losen Kontakten gehören Bekannte, frühere Kollegen, Lieferanten und möglicherweise einige Kunden. Mit ihnen können Sie passives Networking betreiben. Die meisten Menschen

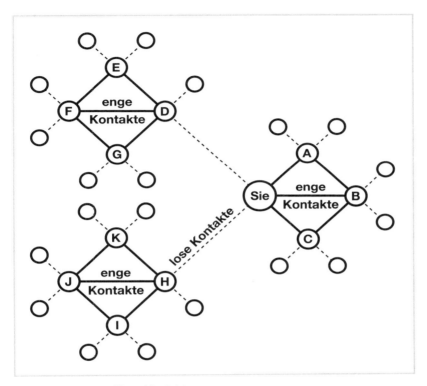

Abb. 4.1: Enge und lose Kontakte

haben mehr lose als enge Kontakte. Personen, zu denen Sie einen losen Kontakt pflegen, sind vielleicht nicht bereit, Sie allzusehr zu unterstützen. Sie gehören meistens anderen Kreisen an als Sie. Daher
können sie Ihnen außerhalb Ihres eigenen Einflussbereiches potenzielle Kunden empfehlen, wodurch sich die Grenzen Ihres persönlichen Netzwerkes ungeheuer ausdehnen.

Wie Sie Abbildung 4.1 entnehmen können, haben Sie durch den
engen Kontakt zu den Personen A, B und C eine Verbindung mit
mindestens sechs anderen Menschen. Über den losen Kontakt zu den
Personen D und H haben Sie jedoch eine – wenngleich schwächere –
Verbindung zu mindestens 20 anderen Personen.

Enge Kontakte bedeuten geschäftliche Verbindungen von besserer Qualität, lose Kontakte stehen für eine größere Quantität. Im Idealfall nutzen Sie sowohl die engen als auch die losen Kontakte, denn beide Gruppen haben Unterschiedliches zu bieten. Enge Kontakte bieten Loyalität und echtes Interesse. Lose Kontakte exponieren Sie einer größeren Öffentlich-

Lose Kontakte bestehen zu Bekannten, Ex-Kollegen, Lieferanten und anderen, mit denen Sie passiv in einem Netzwerk zusammenarbeiten können.

keit. Außerdem sind sie Netzwerkübergänge zu anderen „Kontakt-Pools".

Wenn Sie sich Mühe geben, können Sie mithilfe einer gut strukturierten Netzwerkorganisation hin und wieder eine Gruppe loser Kontakte in wirksame enge Kontakte umwandeln. Wenn sich engagierte Geschäftsleute regelmäßig in einer strukturierten Umgebung treffen, besteht die Chance, dass sich lose Beziehungen vertiefen und zu engen Kontakten weiterentwickeln. Hierzu müssen Sie jedoch in Gruppen mitarbeiten, deren Mitglieder dem Netzwerkgedanken sehr verpflichtet sind.

Kontaktsphären

Eine Untergruppe Ihrer engen Kontakte bildet das, was ich Ihre „Kontaktsphäre" nenne. Dies sind die Firmen oder Berufsgruppen, die für Sie eine kontinuierlich sprudelnde Quelle potenzieller Kunden sind. Tendenziell gehören sie Branchen an, die Ihren Bereich eher ergänzen, als ihm Konkurrenz zu machen (vgl. Abb. 4.2). Wenn Sie beispielweise eine Stunde lang einen Rechtsanwalt, einen Wirtschaftsprüfer, einen Finanzberater und einen Banker in einem Raum zusammenbringen würden, könnten Sie diese kaum davon abhalten, über geschäftliche Dinge zu reden. Jeder von ihnen hat Kunden, die von den Dienstleistungen der anderen profitieren könnten.

Es macht nichts, wenn sich Kontaktsphären ein bisschen überschneiden – auch dann funktioniert das Ganze noch. Nachfolgend einige weitere Beispiele solcher Kontaktsphären:

➤ Immobilienhandel: Immobilienmakler, Grundstücksmakler, No-
tare, Banken, Architekten, Bauingenieure
➤ Handwerker: Maler, Teppichleger, Installateure, Gärtner, Elektriker
➤ Gesundheitswesen: Chiropraktiker, Physiotherapeuten, Heil-
praktiker, Ernährungsberater
➤ Unternehmensbezogene Dienstleistungen: Rechtsanwälte, Wirtschaftsprüfer, Anlageberater, Banker
➤ Büroausstattung: Telekommunikation, Computer- und Druck-
technik
➤ Dienstleistungen für besondere Anlässe: Fotografen, Partyservice, Reisebüro, Floristen

Für jede der in Abbildung 4.2 dargestellten Kontaktsphären besteht
eine natürliche Neigung der einzelnen Berufsgruppen, sich gegenseitig Interessenten zu empfehlen. Ein Blumengeschäft hat zum Beispiel einen Kunden, bei dessen Hochzeitsfeier es die Blumendekora-
tion ausgerichtet hat. Damit ist es in einer idealen Ausgangslage, um

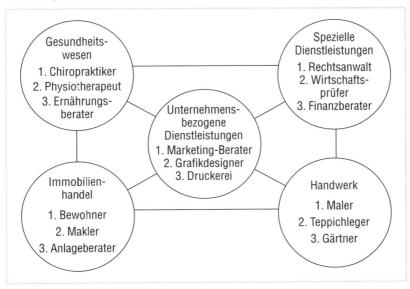

Abb. 4.2: Kontaksphären

einen Fotografen und einen Partyservice zu empfehlen. Wenn der Fotograf und der Partyservice eigene Hochzeitskunden haben, werden sie sich wahrscheinlich revanchieren, indem sie das betreffende Blumengeschäft empfehlen.

Anwälte, Wirtschaftsprüfer und Finanzberater empfehlen sich bei potenziellen Kunden gegenseitig, weil sie verschiedene finanzielle Bedürfnisse desselben Kunden befriedigen können. Handwerker überleben oft nur, weil sie andere Fachleute ihrer Branche empfehlen und von diesen empfohlen werden.

Wenn Sie Ihre Kontaktsphären durch verwandte Berufszweige ausbauen, können Sie leichter vielversprechende Kundenkontakte knüpfen. Um aus Ihren Kontaktsphären maximalen Nutzen zu ziehen, müssen Sie

1. möglichst viele Berufe finden, die in Ihre Kontaktsphären hineinpassen;
2. Einzelpersonen finden, die in Ihre Kontaktsphären hineinpassen könnten. Hierzu müssen Sie zu den Treffen mehrerer Netzwerkorganisationen gehen, einen Blick in Ihre Adressdatenbank oder Ihre Visitenkartensammlung werfen und überlegen, aus welchen Berufsgruppen Sie gegebenenfalls schon heute Fachleute weiterempfehlen;
3. allen Gruppen anbieten, mit Ihnen in Netzwerken zusammenzuarbeiten, so dass Sie Ihre Beziehung zu ihnen formalisieren können.

Am Ende dieses Buches werden Sie einen Empfehlungsmarketing-Plan finden, den Sie an Ihre persönlichen Bedürfnisse anpassen können. Lassen Sie dabei die in diesem Kapitel beschriebenen Überlegungen in Ihren Plan einfließen. Durch den Aufbau stabiler Kontaktsphären können Sie Ihren Einflussbereich erweitern. Doch das reicht noch nicht. Weil sich Kontaktsphären aus kleinen Gruppen zusammensetzen, machen Sie sich damit keinem größeren Personenkreis bekannt. Achten Sie deshalb zwar auf die Pflege Ihrer bestehenden Kontaktsphären, aber vernachlässigen Sie den weiteren Aufbau und die Betreuung Ihrer engen und losen Kontakte nicht.

Heiße Tipps und Einsichten

1. Die Netzwerke der „Old Boys" sind nicht länger die einzige und in vielen Fällen nicht einmal die beste Möglichkeit für eine Zusammenarbeit in Netzwerken. Die in den letzten zwei Jahrzehnten gegründeten Frauennetze bieten ihren Mitgliedern die Möglichkeit, in einer strukturierten, professionellen Umgebung Geschäftskontakte zu pflegen.

2. Alle Personen, mit denen Sie in einem Netz zusammenarbeiten, bilden zusammen Ihren Einflussbereich. Er besteht aus Menschen, die Sie entweder sehr gut kennen oder zu denen Sie eine lose Beziehung pflegen.

3. Viele Menschen pflegen keine wirksamen Netzwerkbeziehungen zu anderen Personen, selbst wenn sie diese seit langem kennen.

4. Bei einer Bestandsaufnahme erfassen Sie jede Person, mit der Sie etwas zu tun haben oder etwas zu tun haben könnten – persönlich oder beruflich. Hierzu gehören Kunden, Geschäftsfreunde, Verkäufer, Geldgeber, Angestellte, Freunde und Familienmitglieder.

5. Legen Sie für jede Person fest, ob es sich um einen engen Kontakt (ein enger Freund, mit dem Sie aktiv in einem Netz zusammenarbeiten können) oder um einen losen Kontakt (ein Bekannter, mit dem Sie passiv in einem Netzwerk zusammenarbeiten können) handelt.

6. Mit anderen Personen aktiv in einem Netzwerk zusammenzuarbeiten heißt, sie zu einer oder mehrerer der Netzwerkorganisationen, in denen Sie Mitglied sind, einzuladen, einige ihrer Visitenkarten stets bei sich zu führen und vor allem, sie weiterzuempfehlen, wann immer Sie können.

7. Enge Kontakte liefern geschäftliche Verbindungen von besserer Qualität, lose Kontakte stehen für eine größere Quantität. Weil beide Gruppen Verschiedenes bieten, müssen Sie beide nutzen.

8. Kontaktsphären bestehen aus Firmen oder Fachleuten, die für Sie eine beständig sprudelnde Quelle potenzieller Kunden sein können und die tendenziell in Bereichen tätig sind, die Ihr Angebot eher ergänzen als dazu in Konkurrenz stehen.

9. Um Kontaktbereiche optimal zu nutzen, sollten Sie möglichst viele Berufe finden, die zu Ihrem Segment passen. Ermitteln Sie insbesondere passende Einzelpersonen und bieten Sie ihnen die Zusammenarbeit in einem Netzwerk an. Auf diese Weise können Sie Ihre Beziehung zu ihnen auf eine formelle Grundlage stellen.

5. Ihr Unternehmen wird zum Knotenpunkt

Verbindungen zu anderen Netzwerken herstellen

Die Knotenpunktfirma

Persönliche Kontakte zu anderen Geschäftsleuten sind die Eckpfeiler aller Bemühungen um neue Kunden durch Empfehlungen. Als

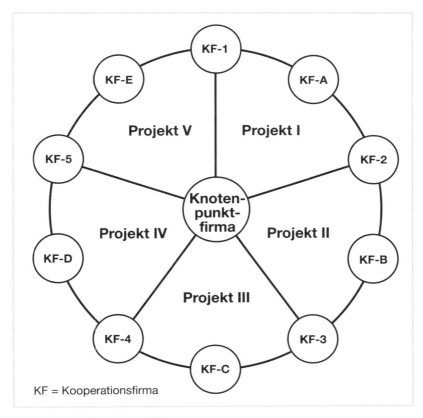

Abb. 5.1: Die Knotenpunktfirma

erfolgreicher Geschäftsmann (bzw. als erfolgreiche Geschäftsfrau) sollten Sie versuchen, aus Ihrem Unternehmen eine „Knotenpunktfirma" zu machen. Gemeint ist das zentrale Unternehmen in einem Verbund unabhängiger Firmen, die sich miteinander vernetzt haben, um den größtmöglichen Nutzen aus den organisatorischen Stärken der Einzelunternehmen zu ziehen. Aus kooperativen Beziehungen dieser Art können sich im Wettbewerb außergewöhnliche Stärken für ein Unternehmen ergeben. In der Regel gehören – wie ich an früherer Stelle beschrieben habe – die kooperierenden Firmen derselben Kontaktsphäre an (oder sie stehen in symbiotischer Beziehung zueinander). Eine Knotenpunktfirma (im Idealfall Ihre) unterscheidet sich von diesen Firmen jedoch darin, dass sie in dieser Kontaktsphäre organisatorische Aufgaben übernimmt oder die Schaltstelle zwischen den miteinander verbundenen Unternehmen ist.

Wie Sie Abbildung 5.1 entnehmen, kann die Knotenpunktfirma unter Beteiligung verschiedener kooperierender Unternehmen an mehreren Projekten arbeiten. Sie arbeitet zum Beispiel mit den Kooperationsfirmen 1 (KF-1) und 2 (KF-2) zusammen. KF-1 und KF-2 brauchen möglicherweise auch die Unterstützung von Kooperationsfirma A (KF-A). Damit könnten die vier Firmen – die Knotenpunktfirma, KF-1, KF-2 und KF-A – gemeinsam an einem Projekt ar-

Als Knotenpunktfirma ist Ihr Unternehmen das Schlüsselglied in einem Netzwerk von Unternehmen, das die Häufigkeit, mit der Sie anderen empfohlen werden, beträchtlich erhöht.

beiten. Konkret könnte etwa ein Anlageberater (Knotenpunktfirma) mit einem Rechtsanwalt (KF-1) und einem Wirtschaftsprüfer (KF-2) zusammenarbeiten, die wiederum eine Bank (KF-A) hinzugezogen haben, um dem Inhaber eines kleinen Unternehmens bei einer Finanzierung zu helfen.

Als Knotenpunktfirma können Sie selbst und Ihr Unternehmen die Schaltzentrale in einem Unternehmensnetz sein, innerhalb dessen Sie im Laufe der Zeit immer häufiger empfohlen werden. Das geht Hand in Hand mit dem Aufbau eines einflussreichen, vielseitigen Kontaktnetzes.

Höhlenbewohner

Die Entwicklung Ihres Unternehmens zu einer Knotenpunktfirma beginnt mit dem Bemühen, Verbindungen zu anderen Fachleuten herzustellen. Gene Call, Trainer und Berater in Los Angeles und ein guter Freund von mir, sagt, dass die meisten Geschäftsleute „Höhlenbewohner" seien. „Sie verbringen ihre Tage damit, sich von einer Höhle zur nächsten zu bewegen." Morgens stehen sie in ihrer häuslichen Höhle auf, setzen sich dann in eine kleine Höhle auf Rädern (ihr Auto) und reisen zu einer größeren Höhle (ihr Büro). Hier bleiben sie den ganzen Tag, setzen sich dann wieder in ihre Autohöhle und fahren schnurstracks zurück zu ihrer häuslichen Höhle. Am nächsten Tag beginnt alles wieder von vorn. Die Ironie dabei ist nur, dass dies meistens die gleichen Leute sind, die sich fragen: „Warum werde ich so selten von anderen empfohlen?"

Ich empfehle Ihnen, mehreren verschiedenen Arten von Netzwerken beizutreten.

Sie gewinnen Kunden durch Empfehlungen nicht nur, indem Sie sich am Arbeitsplatz sehen lassen. Ich glaube, dass Will Rogers es am besten ausgedrückt hat, als er sagte: „Sie befinden sich vielleicht auf dem richtigen Weg, aber wenn Sie sich darauf ausruhen, wird man Sie überfahren." Geben Sie die Höhlenbewohner-Mentalität auf und machen Sie Ihr Unternehmen zu einem Knotenpunkt. Rechnen Sie die in Ihren diversen Höhlen verbrachte Zeit einmal zusammen und suchen Sie nach effektiven Wegen, um erfolgreich andere Menschen kennen zu lernen. Der beste Weg, den ich gefunden habe, um wertvolle, beständige Geschäftskontakte zu knüpfen, führt über geschäftliche Organisationen und Netzwerke.

Ich möchte jedoch ausdrücklich darauf hinweisen, dass Sie mit einem einzigen Netzwerk allein kein umfassendes Empfehlungsprogramm realisieren können – ganz gleich, wie klein oder wie groß Ihr Betrieb ist. Ein guter Anlageberater würde Ihnen zu Diversifikation raten. Dennoch treffe ich ständig Geschäftsleute, die ihre Zeit und ihr Geld lediglich in eine einzige Institution oder Organisation investieren. Ich empfehle Ihnen, mehreren verschiedenen Netzwerken beizutreten.

Eine kleine Warnung

Sie kommen schnell an den Punkt, an dem sich Ihre Erträge verringern, wenn Sie in verschiedenen Gruppen mitarbeiten, die identisch oder auch nur ähnlich sind.

Viele Menschen, die Mitglied in einem Netzwerk sind, lassen sich von der falschen Annahme leiten, dass die Mitgliedschaft in drei oder vier Netzwerken ihnen drei- oder viermal so viele Kunden einbringt. Wenn Sie sich jedoch in mehr als einer Gruppe engagieren, die einer anderen vom Typ her gleicht oder auch nur ähnelt, werden Sie schnell den Punkt erreichen, an dem sich ihre Erträge sogar verringern.

Welche Netzwerke sind also für Sie am besten geeignet? Beginnen Sie mit einem scharfen Blick auf die Organisationen, denen Sie angehören oder angehören sollten. Es ist einfach notwendig, dass Sie (gegebenenfalls auch Ihre Verkäufer) hinausgehen, Leute treffen und Beziehungen aufbauen.

Wissens- und Empfehlungsnetze

Die meisten Menschen gehören mindestens zwei offiziellen Netzwerken unterschiedlichen Typs an. Das sind zum einen Netzwerke, in denen Vertreter desselben Berufsstandes Wissen austauschen – von Megatrends-Autor John Naisbitt als „Knowledge Networking" bezeichnet. Seiner Meinung nach dienen sie der Selbsthilfe, dem Informationsaustausch, der Produktivitätssteigerung, der Erleichterung des Arbeitsalltags sowie der gemeinsamen Nutzung von Wissensressourcen. Für Naisbitt gehören Netzwerke zu den zehn Megatrends, die unsere Gesellschaft beeinflussen.

Zum zweiten Typ – auf den wir uns hier vorrangig konzentrieren wollen – gehören die berufsübergreifenden Netzwerke. Sie konstituieren sich aus Berufstätigen und Berufsgruppen verschiedener Disziplinen, die sich im Netz zusammenschließen, um geschäftlich erfolgreicher zu sein. Tatsächlich besteht das vorrangige Ziel der meisten interdisziplinären Netzwerke darin, sich mittels Empfehlungen oder durch den Austausch von Kontakten gegenseitig geschäftlich zu unterstützen.

In guten berufsübergreifenden Netzwerken entstehen die meisten oder die besten Geschäfte durch Empfehlungen. Industrie- und Handelskammern, viele Frauennetzwerke oder Business Network Intl. sind typische Beispiele für diese Kategorie.

Es liegt auf der Hand, dass die unterschiedlichen Gruppen unterschiedliche Stärken und Schwächen haben, wenn es darum geht, Sie bei der Kundengewinnung durch Empfehlungen zu unterstützen. Es ist wichtig, dass Sie sich Arbeitsweise und Struktur der verschiedenen für Sie potenziell interessanten Organisationen genau ansehen, um diejenigen zu finden, die Ihren Bedürfnissen am ehesten entsprechen.

Auch wenn Sie in der Vergangenheit mit geschäftlichen Netzwerken oder Organisationen noch nicht viel Erfolg hatten, sollte Sie das nicht davon abhalten, heute das Nötige zu tun, um geschäftlich erfolgreicher zu werden. Das hier vorgestellte Programm wird funktionieren, wenn Sie es genau befolgen. Es funktioniert deshalb, weil es auf Beziehungen zu anderen erfolgreichen Geschäftsleuten basiert.

Am besten lässt sich der ganze Prozess gemeinsam mit anderen Geschäftsleuten in einer oder mehreren Netzwerkgruppen in Gang bringen. Die einzige Alternative besteht darin, alle Personen einzeln zu treffen. Das würde jedoch zwangsläufig bedeuten, dass Sie härter, aber nicht intelligenter, arbeiten.

Regelmäßig empfohlen werden Sie nur von Personen, die Sie kennen und die Ihnen vertrauen: private Freunde und Geschäftsfreunde, Kunden, Patienten, Klienten und Familienmitglieder. Fremde werden Ihnen nicht immer wieder neue Kunden bringen. Sie müssen anfangen, Zeit mit den richtigen Leuten in einer strukturierten, professionellen Umgebung zu verbringen.

Heiße Tipps und Einsichten

1. Werden Sie Mitglied in verschiedenen Netzwerken. Diversifizieren Sie Ihre Akitivitäten zur Erzeugung von Empfehlungen.

2. Machen Sie Ihr Unternehmen zu einer Knotenpunktfirma: eine Firma, auf die andere Unternehmen sich verlassen, wenn es darum geht, die Bemühungen um wirksame Produkte und Dienstleistungen zu koordinieren.

3. Seien Sie kein Höhlenbewohner. Gehen Sie hinaus und treffen Sie andere Geschäftsleute in den zahllosen Organisationen, die zu diesem Zweck existieren.

4. Sie werden nur von solchen Personen regelmäßig empfohlen, die Sie kennen und die Ihnen vertrauen. Sie müssen anfangen, Ihre Zeit mit den richtigen Leuten in einer strukturierten, professionellen Umgebung zu verbringen.

6. Sechs verschiedene Typen von Netzwerken

Kontakte strategisch knüpfen

Die verschiedenen Netzwerktypen

Es gibt mindestens sechs verschiedene Arten von Netzwerkorganisationen, die für eine Mitgliedschaft infrage kommen (siehe Übersicht weiter unten). Je nach verfügbarer Zeit sollten Sie mindestens drei Gruppen beitreten. Welche dies sind, spielt letztlich keine Rolle, solange Sie Folgendes beherzigen: Es heißt nicht „Netzsitz" oder „Netzessen", sondern es heißt „Netzwerk". Werk aber hat mit Arbeit zu tun und daher gilt: Wenn Sie erfolgreich durch Empfehlungen Kunden gewinnen wollen, müssen Sie in Ihre Netzwerke Arbeit investieren.

Verschiedene Typen von Netzwerken

1. Netzwerke für lose Kontakte
2. Netzwerke für enge Kontakte
3. Service-Clubs
4. Berufsverbände
5. Netzwerke für geschäftliche und gesellige Zwecke
6. Frauennetzwerke

Netzwerke für lose Kontake

In Netzwerken, in denen lose Kontakte gepflegt werden, treffen Mitglieder unterschiedlicher oder überlappender Berufssparten zusammen. Jeder Beruf kann beliebig oft vertreten sein. Solche Gruppen treffen sich in der Regel monatlich und veranstalten oft Kontakttreffen, bei denen sich jeder zwanglos „unters Volk mischt". Manchmal gibt es auch Versammlungen, zu denen Gastredner zu bestimmten geschäftlichen Themen eingeladen werden. Oder man diskutiert über neue Gesetze, Gemeindeangelegenheiten und Themen aus der lokalen Geschäftswelt. Zu den besten Beispielen für diesen Typ gehören die vielen Industrie- und Handelskammern, die es überall im Land gibt. Sie bieten ihren Mitgliedern häufig Gelegenheit, wertvolle Kontakte zu anderen lokal ansässigen Geschäftsleuten zu knüpfen. Sie unterstützen Ihr Ziel, Kunden durch Empfehlungen zu gewinnen, weil Sie dort Hunderte anderer Geschäftsleute treffen können.

Einige Leute sagten mir, ihr Engagement in der örtlichen Handelskammer brächte ihnen nicht allzu viele neue Kunden. Wenn ich sie daraufhin jedoch fragte, ob sie regelmäßig zu den Versammlungen gingen oder sich freiwillig für bestimmte Ämter zur Wahl stellten (manche Positionen verlangen etwas Arbeitseinsatz, bringen aber viel Kontakt zur Öffentlichkeit mit sich), verneinten sie dies stets. Stellen Sie sich die Arbeit im Netzwerk wie einen Kontaktsport vor. Wenn Sie durch Empfehlungen Kunden gewinnen wollen, müssen Sie bereit sein, Ihre Höhle zu verlassen und dauerhafte Beziehungen zu anderen Geschäftsleuten zu pflegen. Es reicht nicht aus, einfach nur Mitglied zu sein. Sie müssen auch sinnvolle Kontakte zu den anderen Mitgliedern knüpfen und sie so regelmäßig wie möglich pflegen.

Durch den Besuch der Versammlungen Ihrer Handelskammer bzw. der dort angebotenen Vorträge und anderen Aktivitäten können Sie erste wertvolle Kontakte knüpfen, um später durch Empfehlungen neue Kunden zu gewinnen. Die Telefonnummer Ihrer jeweiligen Handelskammer erfahren Sie über die Auskunft, das Internet oder Ihr Telefonbuch.

Netzwerke für enge Kontakte

Netzwerke, in denen enge Kontakte gepflegt werden, konstituieren sich aus Ortsgruppen, die sich wöchentlich mit dem vorrangigen Ziel treffen, die Namen von Interessenten bzw. von potenziellen Kunden auszutauschen. Oftmals darf jeder Beruf oder jede Berufsgruppe nur einmal vertreten sein. Die Versammlungen sind im Allgemeinen formeller organisiert als in Netzwerken, in denen lose Kontakte gepflegt werden. Der typische Ablauf eines Meetings:

> ➤ Begrüßung und Eröffnung
> ➤ eine Kurzvorstellung aller Mitglieder
> ➤ von ein oder zwei Mitgliedern gehaltene längere Vorträge
> ➤ Zeit, die ausschließlich dem Austausch von Geschäftskontakten und der Vermittlung potenzieller Kunden dient

Solche Organisationen erfordern von ihren Mitgliedern ein weitaus größeres Engagement als der zuerst beschriebene Netzwerktyp. Sie haben in der Regel eine feste Tagesordnung, wobei ein Teil der Versammlung wirklich dem Austausch von Anschriften potenzieller Kunden gewidmet ist, die von den Mitgliedern während der vergangenen Woche für jeweils andere Mitglieder gesammelt wurden. Ein gutes Beispiel für diesen Typ ist Business Network Intl., eine Gruppe, die ich 1985 gegründet habe und die nun zu den größten ihrer Art gehört.

Netzwerke zur Pflege enger Kontakte bieten Ihnen und Ihren Geschäftsfreunden ein ideales Umfeld für den Beginn Ihrer Empfehlungskampagne. In solchen Gruppen werden Sie zwar nicht Hunderte von Geschäftsleuten treffen, doch alle Mitglieder werden Ihre Visitenkarten bei sich führen, wo immer sie hingehen.

Mitglied in einem solchen Netz zu sein ist, als würden 50 Verkäufer für Sie arbeiten. Sie knüpfen enge, dauerhafte Beziehungen von unschätzbarem Wert. Ich empfehle Ihnen dringend, einem solchen Netz beizutreten.

Verteilen Sie Ihre Loyalität nicht auf mehrere derartige Netze. Menschen, die zwei oder drei Netzwerken beitreten, in denen enge Kontakte gepflegt werden, versprechen ihr Engagement zu vielen Leuten. Wenn die anderen Mitglieder herausfinden, dass Sie gegenüber einer anderen Gruppe die gleichen Verpflichtungen eingegangen sind, werden sie sich betrogen fühlen und Ihnen keine Geschäftskontakte mehr vermitteln.

Ein Blick auf Business Network Intl.

Business Network Intl. (www.bni.com) wurde 1985 gründet (damals als „The Network" bekannt), um Geschäftsleuten eine Möglichkeit zu bieten, in einer strukturierten, professionellen Umgebung Kontakte zu knüpfen. Die Organisation hat Tausende von Mitgliedern und viele hundert Ortsgruppen überall in den Vereinigten Staaten und in Puerto Rico. Weitere Gruppen im Ausland sind gerade in der Gründungsphase. Allein 1993 wurden innerhalb der Organisation mehr als 245.000 Kontakte und Geschäfte im Wert von mehr als 144 Millionen DM vermittelt.

Das vorrangige Ziel der Organisation ist die Vermittlung qualifizierter Geschäftskontakte zwischen ihren Mitgliedern. Dies wird durch den Aufbau enger Geschäftsbeziehungen innerhalb der Ortsgruppen erreicht. Alle Gruppentreffen haben eine Tagesordnung, die einen kurzen Bericht der anwesenden Mitglieder und den Austausch von Kontakten vorsieht. Um die Aktivitäten und den Erfolg der Ortsgruppe zu messen, werden diese Kontakte innerhalb der Ortsgruppen beobachtet und dokumentiert.

Die Ortsgruppen werden von Direktoren geleitet, die ein 150 Seiten dickes Handbuch und viele Stunden Training erhalten, bevor sie für eine Region zuständig sind. Die Mitglieder profitieren von Serviceleistungen, zu denen unter anderem Marketingunterlagen, Training, regelmäßige Rundbriefe, Anregungen aus den Versammlungen, Ortsgruppen-Toolkits und die Unterstützung durch den Geschäftsführer gehören, um nur einige zu nennen.

Da in den meisten Netzwerken mit engen Kontakten nur ein Mitglied pro Beruf zugelassen wird, haben Personen, die zwei verschiedenen Netzwerken dieses Typs angehören und für einen in beiden Netzwerken vertretenen Beruf einen Kontakt vermitteln wollen, nur zwei Möglichkeiten: den betreffenden Namen nur einer Person weiterzugeben, was im Endeffekt die Anzahl der vermittelten Kontakte um die Hälfte reduziert, oder, schlimmer noch: sie vermitteln den Kontakt zweifach. In

Suchen Sie sich kein Kaffeekränzchen, das Ihnen nichts abverlangt, sondern ein anspruchsvolles Netzwerk, das bundesweit oder international tätig ist.

diesem Fall aber lassen sie beide Empfänger im guten Glauben, den Namen eines potenziellen Kunden erhalten zu haben – was faktisch natürlich nicht für beide zutreffen kann.

Suchen Sie sich ein Netzwerk, das bundesweit oder international tätig ist. Ich habe buchstäblich Hunderte von lokalen unabhängigen Gruppen sich innerhalb eines Jahres gründen und wieder auflösen sehen, weil es ihnen an Struktur, Mitgliedern und einer wirksamen Politik fehlte. Solche Gruppen mutieren in der Regel zu Kaffeekränzchen. Sie mögen anfangs vielleicht attraktiv erscheinen, weil sie keine großen Anforderungen stellen und weil die Mitgliedschaft preisgünstig oder sogar kostenlos ist. Eines dürfen Sie jedoch nicht vergessen: Langfristig gesehen erhalten Sie nur das, wofür Sie bezahlen.

In einigen der neueren Marketingbücher wird die Gründung eigener Netzwerke vorgeschlagen. Das ist ein hervorragender Vorschlag – wenn Sie viel Zeit haben und Verwaltungsarbeit mögen. Andernfalls sollten Sie das Rad nicht neu erfinden. Es gibt einige Gruppen, die bereits seit Jahren existieren und denen Sie jederzeit beitreten können. Werden Sie dort Mitglied, wo man kurzfristig am meisten für Sie tun kann. Besonders wichtig: Suchen Sie sich eine Organisation, die genügend Mitglieder hat und sich nicht im nächsten Monat auflöst.

Service-Clubs

Clubs, deren Ziel der Dienst am Gemeinwohl ist (so genannte „Service-Clubs"), bieten Ihnen eine Möglichkeit, die Gemeinde, in der Sie beruflich tätig sind, zu unterstützen. Das vorrangige Ziel dieser Organisationen ist Gemeinnützigkeit. Dennoch bieten sie wegen ihrer regelmäßigen Treffen eine ausgezeichnete Gelegenheit, auch beruflich wertvolle Kontakte zu knüpfen. Sie können somit eine gute Quelle für Empfehlungen und daraus zu gewinnende Neukunden sein.

Ein Blick auf Rotary International

Rotary ist der erste Service-Club der Welt. Man kann ihn unter verschiedenen Gesichtspunkten beschreiben. Organisatorisch ist Rotary eine Vereinigung von örtlichen Clubs. Sie bilden die kleinsten Einheiten der internationalen Organisation „Rotary International". Der einzelne Rotarier ist Mitglied seines Clubs; alle Clubs gehören zu Rotary International.

Definitorisch ist Rotary „eine weltweite Vereinigung berufstätiger Männer und Frauen", deren Ziel „die Dienstbereitschaft im täglichen Leben" ist. Sie wird von Rotariern angestrebt „durch die Pflege der Freundschaft, durch hohe ethische Grundsätze privat und im Beruf, durch die Förderung verantwortungsbewusster Betätigung zum Wohle der Allgemeinheit und durch aktives Eintreten für Frieden und Verständigung unter den Völkern".

Der Rotarier-Club ist eine Vereinigung von berufstätigen Männern und Frauen, die den persönlichen Einsatz für das Gemeinwohl als Ideal anerkennen, auf dessen Basis sie private, berufliche und soziale Erfüllung anstreben.

Heute gehören über 1,16 Millionen dienstgeneigte Mitglieder fast mehr als 27000 Rotarier-Clubs in 187 Ländern an. Die Clubmitglieder treffen sich allwöchentlich zu eineinhalbstündigen Meetings.

(Quelle: Kieser, H. (Hrsg.) „Das ROTARY ABC", Der Rotarier, 1993)

In solchen Clubs geht es fast nie offen um Geschäfte. Es werden jedoch dauerhafte Freundschaften aufgebaut, die für eine erfolgreiche Kundengewinnung durch Empfehlungen von entscheidender Bedeutung sind. Gute Beispiele für solche Clubs sind Rotary International, Lions Club International und Kiwanis International. In vieler Hinsicht waren Service-Clubs die originären Netzwerke. Zu den ältesten gehört Rotary. Er wurde 1905 von Paul Harris, einem Rechtsanwalt aus Chicago, gegründet, der auch das „Berufsständeprinzip" einführte: Jede Berufsgruppe sollte in jedem Club nur einmal vertreten sein. Dabei war der Leitgedanke, dass die Vertreter der verschiedenen Berufe und Wissensgebiete – neben der Wahrnehmung anderer Aufgaben – sich auch beruflich unterstützen sollten.

Ursprünglich sollte Rotary „die Pflege von Bekanntschaften ... als Hilfe für den beruflichen Erfolg fördern". Diese Ausrichtung wurde jedoch bereits vor langer Zeit aufgegeben.

Wenngleich das Ziel von Rotary, wie das der anderen größeren Service-Clubs, heute vorrangig darin besteht, im Rahmen des örtlichen Clubs dem Gemeinwohl zu dienen, so werden von den einzelnen Mitgliedern definitiv auch geschäftliche Interessen wahrgenommen. Generell bieten Service-Clubs von ihrer Satzung her jedoch zunächst keine nennenswerten Gelegenheiten, um unmittelbar geschäftlich zu profitieren. Tatsächlich wird man Sie, wenn Sie in dieser Absicht zu den Meetings gehen, nicht mit offenen Armen empfangen. In der Regel setzen sich die Clubs allerdings aus den „Machern" der Gemeinde zusammen. Wenn Sie nur lange genug Mitglied sind, werden Sie sich daher schließlich mit Leuten anfreunden, die Ihnen Türen öffnen, Ihnen versteckte Chancen aufzeigen und Ihnen geschäftlich zu mehr Erfolg verhelfen können. Lassen Sie mich Ihnen zwei typische Anekdoten erzählen.

Ich war seit etwa zwei Monaten Mitglied in einem solchen Service-Club. Bei einem Treffen zum Mittagessen teilte der Präsident des Clubs mit, dass bei einem Gemeindezentrum-Projekt der Stadt die Mittel ausgingen und daher Geldgeber gesucht würden, um den Bau beenden zu können. Da das Ganze sich für mich nach einem sehr sinnvollen Projekt anhörte, zückte ich mein Scheckbuch und begann, einen Scheck über 50 Dollar auszuschreiben. Während ich noch schrieb, stellte der Präsident zwei Mitglieder des Clubs vor, die beide an meinem Tisch saßen und die gerade jeweils 50.000 Dollar gespendet hatten. Ich schloss mein Scheckbuch und ließ es unauffällig wieder in meiner Jackentasche verschwinden. Keinesfalls sollte irgendjemand an meinem Tisch sehen, dass ich einen Scheck über 50 Dollar ausschreiben wollte, wenn gleichzeitig zwei andere Mitglieder zusammen gerade 100.000 Dollar gegeben hatten. Seit diesem Augenblick fand ich diese beiden jedoch so nett, dass ich gerne einmal in der Woche mit ihnen zu Mittag essen wollte.

Jahre später, nachdem ich bereits enge Beziehungen zu vielen Mitgliedern dieses Service-Clubs aufgebaut hatte, beklagte ich mich einmal bei einem Mittagessen darüber, dass ich für den Kauf

Wichtige Service-Clubs in Deutschland

Rotary International
Rotary Deutschland Gemeindienst e. V.
Klosterstr. 24-28 · 40212 Düsseldorf
Tel.: 02 11 / 32 56 99 · Fax: 02 11 / 8 83 93 84

Lions Club International
Bleichstr. 1-3 · 65183 Wiesbaden
Tel.: 06 11 / 9 91 54-80 · Fax: 06 11 / 9 91 54-83

eines bestimmten Grundstücks keinen günstigen Zinssatz bekommen konnte. Einer der Anwesenden sah mich an und fragte: „Wie viel Geld brauchen Sie?" „150.000 Dollar", antwortete ich ihm. „Ich habe 150.000 Dollar", sagte er, „wann brauchen Sie es?" „Sie wollen mich auf den Arm nehmen!" „Nein, bestimmt nicht. Ich kenne Sie seit langem und ich habe etwas Geld, das ich investieren kann. Wann brauchen Sie es?"

„Nächste Woche wäre gut", sagte ich. „In Ordnung, wir können nächste Woche einen Vertrag aufsetzen." „Wie hoch sind die Zinsen?" „Keine Zinsen – nicht unter Freunden. Morgen können wir die Einzelheiten besprechen."

Wirksame Kontakte zu knüpfen ist eine Reise, kein Ziel. Es ist nichts, das Sie für eine Weile tun und dann wieder aufgeben können.

In der folgenden Woche machten wir den Vertrag und ich hatte das Geld. Einfach so. Na ja, ich sollte vielleicht nicht „einfach so" sagen, denn ich hatte die Basis dafür durch meine jahrelange Mitgliedschaft in diesem Club gelegt. In meiner Funktion als Mitglied des Vorstandes hatte ich ihn unterstützt, als er noch Präsident des Clubs war. Während dieser Zeit hatten wir uns näher kennen gelernt. Ohne diese Beziehung hätte er mir nie genug Vertrauen entgegengebracht, um mir das Geld zu leihen.

Denken Sie stets daran – und das gilt für jede Berufs- bzw. wirtschaftliche Organisation, aber insbesondere für Service-Clubs: Wirksame Kontakte aufzubauen ist eine Reise, nicht das Ziel. Es ist nichts, das Sie mal eben für einige Zeit tun und dann wieder aufgeben können. Es ist ein Prozess, den Sie kontinuierlich durchlaufen müssen.

Sicher, dieses Buch handelt von der Vermarktung Ihres Unternehmens. Aber Sie müssen es auch führen. Auch dabei werden Ihnen Ihre Netzwerke helfen. Auf Seite 74 finden Sie die Anschriften und Telefonnummern größerer Service-Clubs in Deutschland.

Berufsverbände

Berufsverbände oder das, was John Naisbitt als „Wissensnetze" bezeichnet, gibt es seit vielen Jahren. Die Mitglieder sind in der Regel in einer bestimmten Branche tätig, wie beispielweise im Bankwesen, im Bereich Architektur, im Personal- oder Gesundheitswesen oder im Finanzsektor. Berufsverbände dienen vorrangig dem Informations- und Gedankenaustausch zwischen ihren Mitgliedern.

Durch eine Mitgliedschaft in einem dieser Verbände gehören Sie einer Gruppe an, in der auch Ihre potenziellen Klienten oder Kunden vertreten sind. Welche das sind, können Sie leicht herausfinden. Befragen Sie Ihre besten Klienten oder Kunden danach, welchem Verband sie gegebenenfalls angehören. So erhalten Sie eine Liste verschiedener Verbände, aus denen Sie auswählen können. Ihre Kunden halten schließlich ihre Mitgliedschaft nur in den Organisationen aufrecht, die ihnen den größten Nutzen oder die entscheidenden strategischen oder geschäftlichen Vorteile bieten. Ähnlich – da sie viele gleichartige Bedürfnisse haben – werden sich auch die Leute verhalten, die Sie gerne als Kunden gewinnen möchten.

In einer solchen Gruppe Mitglied zu sein ist, als stünden Sie als Kind in einem Süßwarenladen: Plötzlich sind so viele potenzielle Geschäfte in Reichweite. Viele Verbände beschränken ihre Mitgliedschaft jedoch auf Angehörige des jeweiligen Berufsstandes (wenn Sie zum Beispiel dem Verband der Controller beitreten wollen, müssen Sie selbst Controller sein). Jemand, der „nur etwas verkaufen" möchte, ist dort nicht willkommen.

Auch wenn Sie einer Gruppe beitreten, die Ihren Berufstand, nicht aber Ihren Zielmarkt, vertritt, können Sie Kontakte knüpfen, die vielleicht Chancen bieten. Diese teilen Sie sich mit anderen Leuten, die zwar den gleichen Beruf ausüben wie Sie, sich aber vielleicht geringfügig anders spezialisiert haben oder für ein großes Projekt möglicherweise Unterstützung benötigen. Man weiß nie, aus welcher Richtung ein guter Kontakt kommen wird. Sie sollten daher diese Art von Netz als mögliche Quelle für geschäftliche Chancen keinesfalls ignorieren. Zumindest lernen Sie durch die Mitgliedschaft in einem Verband für beruflich Gleichgesinnte die Verkaufsunterlagen und Präsentationen anderer kennen. Sehen Sie sich gut an, womit andere erfolgreich sind: Vielleicht können Sie Ihre eigenen Broschüren, Visitenkarten oder Präsentationsunterlagen verbessern.

Hier sind einige Beispiele für Berufsverbände:

➤ Bundesverband Personalvermittlung e.V.
➤ Bundesverband deutscher Versicherungsmakler
➤ Gesellschaft für Organisation e.V.
➤ Deutscher Anwaltverein e.V.
➤ Hartmannbund Verband der Ärzte Deutschlands

Folgende Bücher, die in der Abteilung „Nachschlagewerke" jeder Bibliothek zu finden sind, liefern die Namen und Anschriften von zahllosen Berufs- und Fachverbänden in der gesamten Bundesrepublik:

Oeckl, A. (Hrsg.): *Taschenbuch des öffentlichen Lebens. Deutschland* (Festland Verlag, Bonn).

Das kleine Handbuch, bekannt als „der Oeckl", wird jährlich überarbeitet und enthält in übersichtlicher Gliederung die Namen und Kontaktadressen von Personen, Einrichtungen und Organisationen des „öffentlichen Lebens". Aufgeführt sind die politisch-administrativen Organe von Bund, Ländern und Gemeinden sowie relevante Vereinigungen, Zusammenschlüsse und Verbände in der Wirtschaft, in den Bereichen Gesundheit und Soziales oder Medien und Kommunikation – um exemplarisch drei zu nennen.

Wer sich über die Landesgrenzen hinaus informieren möchte, sei auf das entsprechende Werk mit internationalen Kontakten verwiesen: *Taschenbuch des Öffentlichen Lebens – Europa und Internationale Zusammenschlüsse 2003/2004.*

Ebenso hilfreich wie bekannt sind die im Kroll-Verlag erschienenen „Presse-Taschenbücher". Es gibt 18 Fachausgaben für Branchen wie zum Beispiel „Energiewirtschaft", „Ernährung", „Umweltschutz + Arbeitssicherheit" oder „Wirtschaftspresse". Auch diesem Werk können Sie neben anderen wichtigen Informationen die Namen, Anschriften und Telefonnummern einer Vielzahl von Organisationen, Verbänden und Einrichtungen der jeweiligen Branche entnehmen.

Netzwerke für geschäftliche und gesellige Zwecke

Jedes Jahr werden neue Vereinigungen oder Gruppen gegründet, die nicht nur geschäftlichen, sondern auch geselligen Zwecken dienen. Zahlreiche Single-/Business-Clubs verknüpfen offen Geselligkeit mit geschäftlichen Aktivitäten und Networking. Sie bieten Gelegenheit, Arbeit mit ein wenig Vergnügen zu kombinieren.

Ich lernte jedoch einmal eine Gruppe kennen, die von sich behauptete, „ein exklusives Netzwerk für Geschäft und Unterhaltung für erfolgreiche alleinstehende Berufstätige" zu sein. Leider ähneln nach meiner Erfahrung einige dieser Gruppen einem niveauvollen Single-Treff ebenso wenig wie einer Netzwerkorganisation. Außerdem erzählte mir einmal eine Frau, dass diese „Kuscheleckennetzwerke" (der Begriff stammt von ihr, nicht von mir) genau das seien, wonach Leute suchen, die mehr an einem Rendezvous als an ernsthaften Geschäften interessiert sind.

Nicht alle gesellig-geschäftlich orientierten Netzwerke sind so. Wenn Sie gerne Arbeit mit geselligen Aktivitäten verbinden, empfehle ich den Jüngeren unter Ihnen (zugelassen sind nur Mitglieder unter 40 Jahren) die Junge Wirtschaftskammer in der Schweiz. Ihre

Gruppen arbeiten sehr zielgerichtet und professionell. Sie können unter anderem unter folgender Anschrift Kontakt zu ihnen aufnehmen:

Junge Wirtschaftskammer Wil
Neulandenstr. 3
CH-9500 Wil
Tel. 0171-9139013

Frauennetzwerke

Frauennetzwerke haben erheblich dazu beigetragen, den allgemeinen Charakter heutiger Netzwerke zu formen. Wegen der zunehmenden Anzahl weiblicher Geschäftsinhaber in den 70er und 80er Jahren und ihren Schwierigkeiten, den damals existierenden Netzwerken der „Old Boys" beizutreten, gründeten viele Frauen strukturierte und gut organisierte eigene Gruppen. Sie trafen sich, um miteinander Kontakte auszutauschen und sich gegenseitig beruflich zu unterstützen. Diese Gruppen wurden nicht als Service-Clubs gegründet, sondern als wirklich geschäftlich ausgerichtete Netzwerke. Die Mitglieder brauchten keine Vorwände für ihre beruflichen Ambitionen, sondern wollten in einem Netzwerk geschäftlich zusammenarbeiten. Diesem Ziel ordneten sie alles andere unter.

Die Strukturen und Organisationsformen von Frauennetzwerken sind überaus vielseitig. Tendenziell gemeinsam ist ihnen jedoch das Interesse an Aus- und Weiterbildung sowie die geschäftliche Zusammenarbeit innerhalb des Netzwerks. In einigen von ihnen werden lose Kontakte gepflegt, andere dienen der Pflege enger Beziehungen. Zudem gibt es branchenspezifische Netze, wie beispielsweise das der „Webgrrrls". Hier haben sich Frauen zusammengeschlossen, die sich privat oder beruflich für das Internet interessieren.

Generell hängt der Nutzen einer Mitgliedschaft davon ab, welchem Netzwerktyp Sie beitreten. Für viele Frauen können solche Gruppen ein hervorragender und ungefährlicher Weg sein, um mehr Geschäftskontakte zu knüpfen. Überraschenderweise lassen viele

Frauennetzwerke auch Männer als Mitglieder zu. Sofern sie berufliche Interessen verfolgen, werden sie akzeptiert und können von ihrer Mitgliedschaft und Mitarbeit wirklich profitieren.

Ein hervorragendes Beispiel für solche Frauennetzwerke, das ich wirklich empfehlen möchte, ist das „European Women's Management Development Network (EWMD)". Ihm gehören derzeit etwa 1400 Mitglieder in über 25 Ländern an. Die deutsche Gruppe mit Sitz in Berlin hat über 300 Mitglieder, zu denen auch mehr als 45 Firmen, viele Verbände oder Akademien gehören. Um mehr über dieses Netzwerk zu erfahren, können Sie unter folgender Anschrift Kontakt aufnehmen:

EWMD Deutschland e.V.
Langenscheidtstr. 11
10387 Berlin
Tel.: 030 /7 82 50 75

Ein Blick auf EWMD

EWMD ist ein internationales Netzwerk für Frauen und Männer in Fach- und Führungspositionen. Es wurde 1984 gegründet. Das Ziel von EWMD ist die gleichmäßige Verteilung von Managementverantwortung. Managementqualität soll durch Vielfalt (Mann/Frau, Schwarz/Weiß, Jung/Alt) weiterentwickelt und stärker transparent werden. EWMD-Frauen (und Männer) wollen zudem karriereorientierten Berufseinsteigerinnen als Vorbild dienen. Dazu betreibt das Netzwerk eine intensive Öffentlichkeitsarbeit und vertritt den Anspruch von Frauen auf Führungspositionen in der Gesellschaft. Beim EWMD lernen sich Frauen (und Männer) mit ähnlichen Interessen kennen. Das Netzwerk sorgt für den Informationsfluss und Erfahrungsaustausch unter Führungskräften. Hierzu werden monatliche Treffen in den Regionalgruppen veranstaltet, Referate gehalten und Seminare durchgeführt. Zudem gibt das EWMD einen internationalen Newsletter heraus, der alle Mitglieder auf der Welt über die Aktivitäten und Entwicklungen in den einzelnen Mitgliedsländern informiert.

(Quelle: Fokus Online GmbH)

Andere hervorragende Beispiele für Frauennetzwerke:

Zonta International	Connecta e.V.
Erlenweg 72, App. 218	Geibelstr. 4
14532 Kleinmachnow	34117 Kassel
Tel. 033203/56218	Tel. 0561/15460

Weitere Hinweise und Adressen können Sie dem Handbuch „Netzwerke und Berufsverbände für Frauen" von Ulla Dick entnehmen (erschienen im Rowohlt-Verlag).

Was können Sie als Nicht-Selbstständige tun?

Überzeugen Sie Ihren Arbeitgeber davon, dass sich eine Mitarbeit in Netzwerken lohnt. Vor einigen Jahren traf ich einen Bankangestellten, der seinen Filialleiter nur schwer davon überzeugen konnte, dass die Mitgliedschaft in einem Business-Netzwerk beträchtliche Vorteile mit sich bringt. Widerstrebend gestattete der Filialleiter ihm schließlich, einer Organisation versuchsweise beizutreten. Schon bald darauf ergaben sich die ersten geschäftlich nutzbaren Kontakte.

Nach einigen Monaten empfahl ein Mitglied dem Bankangestellten einen besonders vielversprechenden potenziellen Kunden. Es handelte sich um einen Mann, der mit dem Service seiner eigenen Bank sehr unzufrieden war. Der Angestellte suchte ihn in dessen Büro auf, wo dieser ihm von seiner Unzufriedenheit berichtete. Der Bankangestellte versicherte ihm, dass *seine* Bank stolz auf ihren Kundendienst sei. Er hinterließ seine Mobilfunk- und private Telefonnummer mit dem Hinweis, dass er – falls es einmal ein Problem gäbe – jederzeit erreichbar sei, zu Hause oder am Arbeitsplatz. Der Mann bedankte sich für sein Kommen und versprach, sich zu melden.

Zwei Tage später stand der potenzielle Kunde um 9.00 Uhr morgens draußen vor der Bank und hatte mehrere Sparbücher und andere Unterlagen in der Hand. Unser Angestellter ging ihm entgegen und bedankte sich für sein Kommen. Der Mann antwortete, dass er von der persönlichen Betreuung beeindruckt sei und sich daher entschlossen habe, seine Konten zu dieser Bank zu transferieren. Daraufhin händigte er ihm zu dessen Erstaunen Sparguthaben und Aktien im Gesamtwert von umgerechnet über 950.000 Dollar aus. Nachdem sie alles geregelt hatten, erklärte der Mann dem Angestellten, dass er froh sei, von einem gemeinsamen Freund an ihn verwiesen worden zu sein.

Diese Geschichte hörte ich zum ersten Mal, als in meinem Büro gerade Anrufe von Mitarbeitern aller Filialen dieser Bank aus ganz Südkalifornien eingingen. Sie alle wollten Informationen über Ortsgruppen von Business Network Intl. Als der Bankangestellte, der den „950.000-Dollar-Kunden" gewonnen hatte, seinem Filialleiter erzählte, wie dieser Kontakt zustande gekommen war, rief dieser (Sie erinnern sich, der Widerstrebende) alle anderen Filialleiter an und forderte sie auf, innerhalb der nächsten zwei Wochen selbst einer der Regionalgruppen beizutreten.

Wenn Sie nicht selbstständig sind, dann lautet die Lektion: Überzeugen Sie Ihren Chef! Vor nicht allzu langer Zeit sprach ich mit einem Verkäufer, der einer Gruppe beitreten wollte. Sein Chef hatte ihm jedoch gesagt, dass die Firma die Kosten dafür nicht übernehmen würde. Der schlaue Verkäufer fragte daraufhin seinen Chef: „Würde die Firma die Kosten übernehmen, wenn ich die Mitgliedschaft zunächst aus eigener Tasche bezahle und man mir innerhalb von 30 Tagen zwei Kontakte vermittelt, die zu Geschäftsabschlüssen führen?" „Sicher", antwortete sein Chef. „Wenn Sie mir zwei Abschlüsse bringen, werde ich dafür sorgen, dass die Firma für den Mitgliedsbeitrag aufkommt." Raten Sie mal! Dieser Verkäufer, nun hoch motiviert, hatte am Ende der 30 Tage drei Geschäftsabschlüsse erzielt und arbeitete an vier weiteren. Er erzählte mir, dass sein Chef den ersten Mitgliedsbeitrag sehr gerne übernommen und kürzlich auch den Beitrag für die Verlängerung der Mitgliedschaft gezahlt habe. Ob Sie selbstständig sind oder angestellt – fangen Sie an, sich nach Gruppen umzusehen, innerhalb deren man Sie als Geschäftspartner empfehlen wird.

Das beste Netz finden – Auswahl in fünf Schritten

Trotz allem sagen mir einige Leute, dass sie einfach nicht die Zeit hätten, regelmäßig Versammlungen oder Meetings zu besuchen. Diesen Einwand verstehe ich gut. Wenn Sie dieses Gefühl auch haben, dann mache ich Ihnen den Vorschlag, dieses Buch einfach wegzulegen, den Telefonhörer in die Hand zu nehmen und stattdessen Telefonverkauf zu betreiben. Sie können auch, wenn Ihnen das besser gefällt, Ihr Scheckbuch zücken und mehr Geld für Werbung ausgeben. Wenn Sie ernsthaft durch Empfehlungen mehr Kunden gewinnen wollen, dann gibt es keine schnelle Lösung. Sie müssen rausgehen und systematisch und in einem strukturierten Umfeld andere Leute treffen.

Nun, welchen Gruppen sollten Sie beitreten? Lassen Sie nicht den Zufall darüber entscheiden, wofür Sie Zeit und Mühe aufwenden. Denken Sie daran: Der Schlüssel zum Erfolg besteht in der Diversifizierung Ihrer Aktivitäten. Werfen Sie nicht alles in eine Waagschale. Ein einziger Verband oder ein einziges Netzwerk allein wird nicht alle Ihre Bedürfnisse erfüllen. Suchen Sie sich bewusst eine abgerundete Mischung von Organisationen verschiedenen Typs. Wenn Sie Geschäftsfreunde, -partner oder Angestellte haben, sollten Sie auch deren Mitgliedschaften bei der Planung berücksichtigen.

Die Entscheidung für eine Mitgliedschaft in bestimmten Netzwerken hat Einfluss auf Ihren Erfolg im Empfehlungsmarketing. Die folgenden fünf Schritte verhelfen Ihrem Networking zu einem guten Start.

1. Entscheiden Sie, welchem Netzwerktyp Sie gerne beitreten wollen oder müssen. Achten Sie auf eine gute Mischung (wählen Sie beispielsweise ein Netzwerk für lose Kontakte, eines für enge Kontakte und einen Service-Club). Treten Sie mindestens drei Gruppen unterschiedlichen Typs bei.

2. Informieren Sie sich über potenzielle Netzwerkorganisationen in Ihrer Nähe, die Ihr Anforderungsprofil erfüllen, und suchen Sie sich einige aus, die Sie besuchen wollen.

3. Besuchen Sie aus dieser Vorauswahl so viele wie möglich und

berücksichtigen Sie die unter Punkt 6 d im Plan für Kundengewinnung durch Empfehlungen (Seite 200) genannten Gesichtspunkte. Die Beantwortung der dort aufgeführten Fragen ist für die Auswahl einer Netzwerkgruppe von großer Bedeutung.

4. Sprechen Sie mit Mitgliedern jeder der von Ihnen besuchten Organisationen und versuchen Sie in Erfahrung zu bringen, wie sich die Mitgliedschaft für sie ausgewirkt hat.

5. Besuchen Sie die Gruppen ein zweites Mal. Ein einziger Besuch reicht möglicherweise nicht aus (außer bei Gruppen zur Pflege enger Kontakte, in der es derzeit vielleicht eine Vakanz für Ihren Beruf gibt. In diesem Fall sollten Sie vielleicht beitreten, bevor ein anderer Ihnen diesen Platz wegnimmt).

Zögern heißt verlieren

Wenn Ihnen eine Gruppe gefällt, die pro Beruf nur ein Mitglied zulässt, und wenn Ihr Beruf gerade nicht vertreten ist – dann zögern Sie nicht!

Vor einigen Jahren habe ich in Hartford, Connecticut, eine Ortsgruppe von Business Network (hier ist pro Beruf nur ein Mitglied zugelassen) gegründet. Am Ende des Meetings sprachen hinten im Raum zwei Grundstücksmakler miteinander. Ich ging zu ihnen und fragte sie, ob einer von ihnen plane, Mitglied zu werden. Sie kannten sich ziemlich gut und einer der beiden sah den anderen an und sagte: „Ich weiß es nicht, was ist mit dir? Willst du mitmachen?"

„Na ja, ich habe mich noch nicht entschieden", antwortete ihm sein Freund, „ich muss erst darüber nachdenken. Und du?" „Ich habe mich auch noch nicht entschieden", antwortete der andere. Dann sagte er, er habe eine Verabredung, verabschiedete sich und verließ uns. Er hatte noch nicht ganz den Raum verlassen, da kündigte sein Freund an: „Jetzt habe ich darüber nachgedacht und ich denke, ich mache mit!" Er füllte sofort ein Formular aus und trat damit der neuen Ortsgruppe bei.

30 Minuten nach dem Meeting rief der andere der beiden Makler mich an: „Ich habe die ganze Zeit darüber nachgedacht und ich

meine, ich sollte Mitglied werden, bevor Charlie seine Meinung ändert und selbst mitmachen will." „Oh", sagte ich, „ich weiß nicht, wie ich es Ihnen beibringen soll, aber der gute alte Charlie hat mit dem Ausfüllen des Bewerbungsformulars genau so lange gewartet, bis Sie den Raum verlassen hatten." „Dieser Hund!", schimpfte daraufhin der frustierte Mann. „Daraus sollte ich wohl lernen, dass man keine Sekunde zögern darf, wenn man einen Platz haben will."

Diese Erfahrung hat mich sofort an eine Geschichte erinnert, die ich einmal über zwei miteinander befreundete Konkurrenten gehört habe. Sie gingen eines Tages im Wald spazieren und sahen sich plötzlich einem riesigen Grizzlybären gegenüber. Der Bär stand auf seinen Hinterbeinen und brummte wütend. Aufrecht war er über zwei Meter groß und er sah aus, als wäre er mindestens 500 Kilo schwer. Er war offenbar nicht in sehr freundlicher Stimmung.

Einer der beiden Wanderer ließ vorsichtig seinen Rucksack zu Boden gleiten. Langsam, um den Bären nicht zu erschrecken, öffnete er ihn und zog ein Paar Turnschuhe heraus. Als er begann, sich den ersten Schuh zuzubinden, flüsterte sein Begleiter: „Weißt du, dieser Bär sieht so aus, als wäre er ebenso schnell wie stark." „Ich weiß", antwortete der andere Mann, während er mit dem ersten Schuh fertig wurde und mit dem nächsten begann. „Ich habe gehört, dass Grizzlys über kurze Entfernungen fast 50 Kilometer in der Stunde laufen können. Du kannst ihm unmöglich entkommen", sagte sein Freund. „Auch das weiß ich", sagte der andere, als er sich seinen zweiten Schuh zuband. „Wenn du das alles weißt", fuhr sein Freund fort, „warum machst du dir dann überhaupt die Mühe, deine Turnschuhe anzuziehen?" Der erste Mann drehte sich um und sah seinen Freund über die Schulter an. „Weil ich nicht schneller als der Bär, sondern nur schneller als du zu sein brauche!"

Aus diesen beiden Geschichten können Sie Folgendes lernen: Wenn Ihnen eine Gruppe gefällt, in der enge Kontakte gepflegt werden, und wenn diese Gruppe einen Platz zur Verfügung hat, dann sollten Sie nicht zögern, Mitglied zu werden. Sonst machen Ihre Mitbewerber das Rennen.

Nehmen Sie sich die Zeit

Manchmal erzählen mir Leute, dass sie zwar nicht die Zeit für den Besuch von Netzwerktreffen hätten, aber unbedingt etwas unternehmen müssten, um ihr Geschäft zu beleben. Dann antworte ich ihnen: „Kein Problem. Erhöhen Sie einfach Ihren Werbeetat um den Faktor X oder stellen Sie Leute an, die für Sie telefonisch akquirieren. Dann brauchen Sie zu keinem dieser verdammten Treffen zu gehen."

Sie müssen sich die Zeit nehmen, Ihre Höhle zu verlassen und regelmäßig andere Fachleute zu treffen. Andernfalls wird Ihr Unternehmen niemals aufgrund von Empfehlungen florieren. Networking ist ein Kontaktsport! Wenn Sie keine nützlichen Beziehungen entwickeln, können Sie unmöglich ein einflussreiches, vielseitiges und zuverlässiges Kontaktnetz aufbauen.

> *Networking ist ein Kontaktsport. Ohne die Entwicklung wirksamer Beziehungen können Sie unmöglich ein einflussreiches, vielseitiges und zuverlässiges Kontaktnetz aufbauen.*

Strategieplan zur Kundengewinnung durch Empfehlungen

Während ich Ihnen hier die Schlüsselkonzepte zur Kundengewinnung durch Empfehlungen darlege, sollten Sie parallel dazu den entsprechenden Teil des Strategieplans (Seite 195 ff.) bearbeiten und ihn an Ihre persönlichen Bedürfnisse anpassen. Mit anderen Worten, entwickeln Sie Ihre eigene „Empfehlungsstrategie".

Auswahl Ihrer Netzwerke: Machen Sie zuerst eine Aufstellung der Organisationen und Gruppen, in denen Sie und Ihre Kunden (möglicherweise) schon heute Mitglied sind. Benutzen Sie dabei den Empfehlungsstrategie-Plan. Listen Sie dann die Gruppen auf, denen Sie nicht angehören, die Sie jedoch gerne besuchen würden. Zu welchen können sie direkt hingehen? Über welche brauchen Sie weitere Informationen?

Gruppen, *über die Sie weitere Informationen benötigen*: Finden Sie heraus, wann und wo sie sich das nächste Mal treffen, und planen Sie einen Besuch innerhalb der nächsten zwei bis sechs Wochen fest ein. Prüfen Sie jede Gruppe im Hinblick auf die oben genannten Gesichtspunkte.

Nach dem Besuch aller Organisationen auf Ihrer Liste: Wählen Sie diejenigen aus, denen Sie beitreten möchten. Achten Sie darauf, dass Ihre Auswahl vielseitig ist und dass nicht zwei gleichartige Gruppen darunter sind.

Ein einflussreiches, vielseitiges Kontaktnetz

Im zweiten Teil dieses Buches wurden die Schlüsselelemente für den Aufbau eines einflussreichen, vielseitigen Kontaktnetzes besprochen. Hierzu gehört die Bestimmung Ihrer Kontaktsphäre, die Erweiterung Ihres Einflussbereichs, das Knüpfen von losen und engen Kontakten, die Entwicklung Ihres Unternehmens zu einer Knotenpunktfirma, das Vermeiden der Höhlenbewohner-Mentalität und vor allem: die Diversifizierung Ihres Netzwerks. Wenn Sie das alles befolgen, haben Sie einen großen Schritt dazu getan, Kunden durch Empfehlungen zu gewinnen.

Dies ist jedoch erst die Hälfte des Weges, den Sie zurücklegen müssen. Im ersten Teil dieses Buches habe ich Sie bei der Bewältigung der organisatorischen Aspekte Ihrer Bemühungen begleitet. Im folgenden Teil III werde ich Ihnen die entscheidenden Elemente einer geschäftlichen Nutzung Ihrer neuen Kontakte vorstellen.

Benutzen Sie im Verlauf der Lektüre den Strategieplan am Ende dieses Buches, um Ihr eigenes, persönliches Programm zur Erzeugung von Empfehlungen zu entwickeln.

Heiße Tipps und Einsichten

1. Netzwerke zur Pflege enger Kontakte sind Gruppen, die sich wöchentlich mit dem vorrangigen Ziel treffen, Kontakte zu vermitteln oder die Namen potenzieller Kunden auszutauschen. Ihre Meetings sind in der Regel gut strukturiert und sehen eine kurze persönliche Vorstellung aller Anwesenden vor, eine ausführlichere, von ein oder zwei Mitgliedern durchgeführte Präsentation sowie einen bestimmten Zeitraum, der ausschließlich dem Austausch von Geschäftskontakten dient.

2. Service-Clubs für den Dienst am Gemeinwesen geben Ihnen Gelegenheit, Ihrerseits etwas für die Gemeinde, in der Sie geschäftlich tätig sind, zu tun. Dabei können Sie gleichzeitig wertvolle Kontakte knüpfen und ein bisschen Werbung für sich machen.

3. Durch den Beitritt zu einem Berufsverband können Sie Mitglied in einer Organisation werden, die Ihre potenziellen Kunden oder Zielmärkte vertritt.

4. Frauennetzwerke haben wesentlich dazu beigetragen, den allgemeinen Charakter heutiger Netzwerke zu formen. Viele Gruppen werden als rein geschäftliche Netzwerke gegründet. Ihre Mitglieder wollen die berufliche Zusammenarbeit im Netzwerk, alles andere ist für sie zweitrangig.

5. Überlassen Sie nicht dem Zufall, wofür Sie Zeit und Mühe aufwenden. Wenn Sie Geschäftsfreunde, -partner oder Angestellte haben, dann sollten Sie gemeinsam mit ihnen entscheiden, welcher Gruppe oder Organisation jeder von Ihnen beitreten wird.

6. Finden Sie zur Bewertung der einzelnen Organisationen heraus, wann und wo sie sich treffen, und planen Sie dort einen Besuch innerhalb der nächsten zwei bis sechs Wochen ein.

7. Prüfen Sie für jede Gruppe folgende Aspekte: Seit wann besteht sie? Wie lautet die grundlegende Philosophie der Organisation? Wie viele Mitglieder hat sie? Wie sind die Modalitäten einer Mitgliedschaft? In welchem Verhältnis stehen die Kosten für die Mitgliedsbeiträge zu anderen Formen des Marketings? Wie oft trifft sich die Gruppe? Was denken die Mitglieder über die Gruppe? Welchen Gesamteindruck haben Sie von der Gruppe?

8. Stellen Sie mithilfe des Strategieplans zur Kundengewinnung durch Empfehlungen am Ende dieses Buches Ihren eigenen Empfehlungsmarketing-Plan auf.

Teil III

Formulierung einer positiven Botschaft und ihre wirksame Übermittlung

Gute Empfehlungen in heiße Kontakte verwandeln

7. Positionierung für die Macht
Tools und Techniken zur Verbesserung Ihres Unternehmensimage

Die Bedeutung des Image

Für die Formulierung einer positiven Botschaft und ihre wirksame Übermittlung ist der erste Auftritt entscheidend. Er bestimmt, welche Rolle Sie spielen und was Sie wem anbieten werden. Lassen Sie uns daher einmal untersuchen, wie Sie ein Image erzeugen können, von dem Sie rund um die Uhr profitieren können.

„Wir leben im Image-Zeitalter. Niemand bestreitet heute ernsthaft die Bedeutung des Image für Unternehmen und Einzelpersonen", sagt Jeff Davidson, Autor von *Marketing on a Shoestring*. Dass wir alle tatsächlich unser Image verbessern wollen, zeigen wir in vielerlei Hinsicht. Seminare zur Eigenvermarktung, zur Verbesserung der Sprechfertigkeit, zur Bewältigung zwischenmenschlicher Kommunikation oder öffentlicher Auftritte, zur Verbesserung unseres Verhandlungsgeschicks oder unseres äußeren Erscheinungsbildes haben Hochkonjunktur. Warum?

Für Trainerin und Image-Beraterin Mona Plontkowski besteht der Grund darin, dass wir uns von einer Industriegesellschaft zu einer Dienstleistungsgesellschaft gewandelt haben. Kunden sollen für Dinge bezahlen, die sie – wie im Falle von Dienstleistungen – nicht einmal anfassen können. Die Notwendigkeit, bei Kaufentscheidungen diesen Verlust auszugleichen, hat dem Image eines Unternehmens und seiner Mitarbeiter zu einer neuen Bedeutung verholfen. Käufer suchen die Sicherheit eines Image, das sie bestätigt und ihnen Professionalität vermittelt.

In unserem Berufsalltag, auf Reisen und beim Fernsehen werden wir mit Informationen und Bildern bombardiert und so hat unser Gehirn gelernt, sich an diese Reize anzupassen. Wir sind in der Lage, schnelle Entscheidungen zu treffen – ob richtig oder falsch –, um uns sogleich dem nächsten Thema zuzuwenden. Daher hängt nach Davidson „der Erfolg unseres Unternehmens, sei es groß oder klein, häufig davon ab, wie wir uns selbst positionieren und welchen Eindruck wir bei anderen hinterlassen".

Entwickeln Sie eine Identität

Eine gezielte Positionierung kann Ihnen dabei helfen, eine Identität zu entwickeln und sich fest in den Köpfen derjenigen zu verankern, die Sie beliefern möchten. Das Konzept der Positionierung wurde in den frühen 80er Jahren von Al Ries und Jack Trout bekannt gemacht. Sie beobachteten, „dass in unserer überkommunikativen Gesellschaft eigentlich nur noch sehr wenig echte Kommunikation stattfindet". Daher ist es für Unternehmen wichtig, sich in den Köpfen ihrer potenziellen Kunden zu positionieren. Die wirksamste Kommunikation ist die, die zur richtigen Zeit am richtigen Ort stattfindet.

Einer der einfachsten und schnellsten Wege, sich im Kopf eines anderen zu positionieren, wird auch künftig darin bestehen, einfach „der oder die Erste" zu sein. Wer war der erste Mensch auf dem Mond? Wenn Sie jetzt „Neil Armstrong" antworten, haben Sie Recht. Nennen Sie von den fünf NASA-Missionen nun irgendeinen der anderen Astronauten, die auf dem Mond spaziert sind. Das ist gar nicht so einfach, nicht wahr? Wie die meisten Menschen werden Sie es vermutlich nicht wissen.

Die richtige Positionierung erspart Ihnen Zeit, weil andere dadurch schneller verstehen, wofür Ihre Firma steht und was sie anbietet. Jeder Netzwerkkontakt, jede Anzeige, jede Aussage, jeder Mitarbeiter und jeder Quadratzentimeter Boden Ihres Büros trägt dazu bei, dem Zielmarkt eine konsequente Botschaft zu übermitteln.

Sie könnten sich eine Identität aufbauen, die vielleicht nur auf Sie und auf niemanden sonst passt. Möglicherweise können Sie Wegbereiter einer aufstrebenden Branche sein oder eine besonders erfolgreiche Alternative zum Marktführer bieten. Vielleicht sind Sie der Einzige Ihrer Branche, der sein Geschäft bis 20.00 Uhr geöffnet hat, oder Sie führen den exklusivsten Laden der Stadt, der nur nach vorheriger Anmeldung aufgesucht werden kann. Wir leben heute in einem sich schnell verändernden Umfeld und unter großem Konkurrenzdruck. Daher ist eine Identität, die im Kopf anderer Menschen präsent bleibt, nicht länger ein „Kann", sondern ein „Muss".

Dies könnten Sie auch erreichen, indem Sie beispielsweise Ihre potenziellen Kunden zu wichtigen Themen ansprechen. In Abbildung 7.1 sehen Sie einen Artikel, den ich für ein Wirtschaftsmagazin über den Nutzen von Empfehlungsmarketing in konjunkturschwachen Zeiten geschrieben habe. Solche Artikel helfen, Ihre fachliche Kompetenz zu stärken; sie verbessern Ihren Ruf und beleben damit natürlich Ihr Geschäft.

Öffentlichkeitsarbeit – aber wie?

In unserer medienbestimmten Gesellschaft hängt Ihr geschäftliches Überleben und Wachstum oft davon ab, wie man in den Printmedien über Sie berichtet. Nehmen Sie einmal Wirtschaftsmagazine oder auch nur den Wirtschaftsteil Ihrer Tageszeitung zur Hand. Fast jede Ausgabe enthält ein Interview mit einer Führungskraft, einem ortsansässigen Unternehmer oder einen Bericht über ihn.

Die meisten dieser Geschichten haben PR-Agenturen platziert, die von der betreffenden Person bezahlt werden. Die vorgestellten Persönlichkeitsprofile sind Teil einer konzertierten PR-Kampagne, die von der präsentierten Firma oder Person durchgeführt und finanziert wird. Diese bezahlen also für die Artikel oder schreiben sie im Rahmen hauseigener PR-Maßnahmen manchmal selbst.

Stellen Sie sich vor, Sie wären Architekt in irgendeiner deutschen Stadt und die Stadtverwaltung hätte sich für den Umbau eines alten Gebäudes entschieden. Ein gut platziertes Interview über die Geschichte dieses Gebäudes und seine Bedeutung für die Gemeinde wird die Aufmerksamkeit von Baufirmen, Denkmalschutzbeauftragten, Geschichtsvereinen und allen anderen Personen erregen, die mit Architektur und/oder Denkmalschutz etwas zu tun haben.

Nehmen Sie als Beispiel auch den Besitzer eines Computerladens, der in seinem Ort bekannter werden und neue Kunden gewinnen wollte. Um auf seine Produkte aufmerksam zu machen und ihren

NOVEMBER-DECEMBER 1990

INDIANAPOLIS
C.E.O.

NETWORKING

BY IVAN R. MISNER

Surviving the Squeeze of a Tight Economy

In a slow economy, your business may depend on word-of-mouth advertising.

It's no great secret that the economy goes through cycles. Unfortunately, each time it takes a down turn, the fallout is

Ivan Misner has published numerous management and networking related materials including the book Network-ing for Success, How to Become a Notable Networker *and his audio cassettes,* The Ten Commandments of Networking *and* The Secrets of Notable Networking. *In 1985, Misner founded the Network, which currently has more than 100 chapters.*

felt by sales people, business owners and private practitioners alike.

According to the American Entrepreneurs Association (AEA) more than 50 percent of all businesses close their doors within the first two years of operation. During a recession this number is known to dramatically increase.

Why do some businesses fail and others don't? I believe the answer is simple. If you have an edge you'll stay in business when times are tough.

Your competitors are in the market place right now trying to get the same clients and customers you have or want. In a tough economy traditional forms of advertising may not be enough.

However, most businesses need to advertise before, during and after a tight economic period. Studies show that companies which advertised strongly through the last recession came out of it with much greater percentages of their market share than before the recession. But, during a tight business economy, you must do something extra. Something your competition doesn't do.

That edge I'm referring to is building a solid word-of-mouth base that can carry

you through difficult economic times.

Occasionally, I meet people that feel that word-of-mouth is a little like the weather—sure, it's important, but what can you do about it? Well, according to Tom Peters, the author of *In Search of Excellence* and *Thriving on Chaos,* "you can be just as organized, thoughtful, and systematic about word-of-mouth advertising" as you are about your other forms of marketing.

With this in mind, I have created what I believe are the four essential steps to developing a word-of-mouth based business.

1. Write a 60-day "word-of-mouth" marketing plan.
 • What organizations do you want to participate in?
 • What professions do you need to begin networking with?
 • Which individuals do you need to connect with?
 • What incentives can you offer employees/clients/customers to develop a stronger word-of-mouth base?
 • What specific results do you wish to realize as a result of this plan?
2. Devote at least 50 percent of your marketing effort (dollars and time) to

developing a structured word-of-mouth network.
3. Make a true effort to refer other people. Remember "givers gain," those who give business to others, receive it in return.
4. Work "The Network." The secret to success without hard work is still a secret. Networking is not the same as "notworking."
 • Set lunch meetings with other members of your chapter.
 • Prepare for your presentation.
 • Utilize handouts to go with your presentation.
 • Develop special offers to members, if possible.
 • Meet all the visitors that come to your chapter.
 • Be an active participant—network!

The cold hard fact is that many sales people, business owners and professionals are going to go out of business in the next 12 months. You don't have to be one of them.

In a 1989 survey of more than 300 members of The Network, we discovered that their business increased by an average of almost 41 percent through networking!

In addition, 73 percent of the members in the survey said they closed large or substantial sales, clients, or customers through word-of-mouth networking.

These people have an edge. They have a solid word-of-mouth base, and they know how to use it. In a tight economy, your business may depend on that edge.

It's been said that "it's not what you know, but who you know." I don't quite agree. You see, it's not really what you know or who you know, but how well you know them that makes the difference.◊

Abb. 7.1: Artikel in *Indianapolis C.E.O.*

Verkauf zu fördern, veranstaltete er einen Künstlerwettbewerb, bei dem die Teilnehmer nur Computerschrott verwenden durften. Dies kündigte er öffentlich an und beauftragte einen Fotografen damit, vom Schaffensprozes und von den fertigen Arbeiten Fotos zu machen. Um eine bestmögliche Berichterstattung in den Medien sicherzustellen, hatte er von Anfang an eine PR-Agentur beauftragt. Einige Wochen nachdem die eingereichten Arbeiten beurteilt worden waren, erschien unter Mitwirkung des PR-Agenten eine größere Reportage darüber in einer der angesehensten Zeitungen der Region.

Für den Durchschnittsleser – ja sogar für den durchschnittlichen Marketingfachmann – sah das dann entweder so aus, als habe die Presse diesen Artikel in Auftrag gegeben, oder er akzeptierte ihn ganz einfach als redaktionellen „Grenzfall". Die Redakteure wissen in der Regel genau, dass viele Unternehmen am Ort daran interessiert sind, dass man über sie berichtet und dass sie das Geld haben, entsprechende Artikel zu finanzieren. Daher werden in der Redaktion eingehende Unterlagen in der Regel nicht vergütet.

Der Wert kostenloser PR

Die redaktionelle Erwähnung von Firmennamen und Produktbezeichnungen in obigem Beispiel wird von den Lesern nicht als Werbung aufgefasst. Vielmehr handelt es sich für sie um Artikel, die von Interesse für die Allgemeinheit sind. „Ein Artikel ist weitaus werbewirksamer als eine von der gleichen Firma geschaltete Anzeige", sagt Davidson. Er ist so gut wie die Empfehlung eines Dritten.

Das Schreiben und die Veröffentlichung eines mehrere Seiten langen Artikels inklusive Fotos ist sehr wahrscheinlich weitaus preiswerter als eine ganzseitige Anzeige im selben Objekt. Wenngleich das Planen, Koordinieren und Verfassen eines eigenen Artikels etwas Mühe macht, ist es meistens den Aufwand wert. Es spielt auch keine Rolle, wenn Ihre Zielgruppe den Artikel am Erscheinungstag nicht liest. Sie können davon ansprechende, qualitativ hochwertige Abdrucke auf Glanzpapier machen und sie für mehrere Jahre als zentrale Information in Ihrer Sammlung verkaufsunterstützender Unterlagen einsetzen.

Redakteure und Journalisten nehmen ihre Ideen für Geschichten von überall her. Viel zu viele Menschen, die wollen, dass über sie berichtet wird, senden jedoch einfach Firmenbroschüren oder, noch schlimmer, Werbematerialien an die Redaktionen. Sie übersehen dabei, dass Redakteure Ansatzpunkte oder Aspekte brauchen, die ihnen einen Zugang zu einer unkonzentrierten, überarbeiteten und gestressten Leserschaft ermöglichen.

Teilen Sie dem Redakteur entweder telefonisch oder schriftlich mit, warum die Leser an Ihrer Idee interessiert sein werden oder warum sie eine Meldung wert ist. Was tun Sie geschäftlich, das eine Saite in der Lesergemeinschaft zum Klingen bringt? Welches sind die globalen Auswirkungen? Wenn Sie bereit sind, nur ein Teil der Geschichte und nicht die Geschichte selbst zu sein, werden Ihre Vorschläge für eine redaktionelle Erwähnung wie eine Rakete durchstarten.

Können Sie mit Redakteuren umgehen? Sicher. Lesen Sie die Medien, in denen Sie gerne erwähnt werden wollen, und finden Sie heraus, welcher Redakteur für Ihr Thema zuständig ist. Rufen Sie ihn dann an, um ihm Ihre beste Idee für eine Geschichte mitzuteilen, und behandeln Sie ihn am Telefon ebenso professionell wie jeden Gesprächspartner.

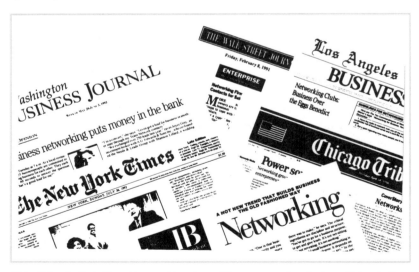

Abb. 7.2: Artikel über Networking in größeren amerikanischen Zeitschriften und Magazinen

Um sich einen Überblick über die Zeitschriften in Ihrer Region oder bundesweit zu verschaffen, können Sie beispielsweise einen Blick in die verschiedenen, oben bereits erwähnten Presse-Taschenbücher werfen. Allein hier werden Sie mehr Zielmedien als genug für künftige Publikationen finden.

Beispiele für Zeitungs- und Zeitschriftenartikel über mein eigenes Unternehmen, Business Network Intl. oder The Network können Sie den Abbildungen 7.2 und 7.3 entnehmen. Angesichts der

> *Das Verfassen und Veröffentlichen eines mehrseitigen Artikels kostet inklusive Fotos vermutlich weitaus weniger als eine einseitige Anzeige im gleichen Objekt.*

Dauer der letzten Konjunkturkrise, der Anzahl von Journalisten, die damit befasst, und die vielen Menschen, die davon betroffen waren, ist leicht nachzuvollziehen, warum in diesen Artikeln über uns berichtet wurde.

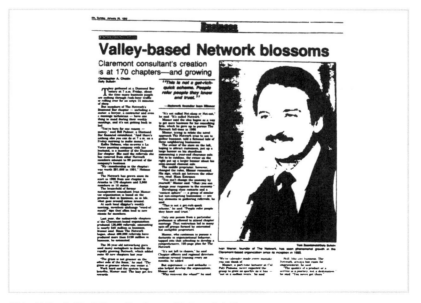

Abb. 7.3: Artikel über Business Network Intl.

Begleitmaterialien vorbereiten

Wenn Sie schon Abdrucke von Meldungen oder Artikeln über sich oder Ihr Unternehmen besitzen, haben Sie etwas Vorsprung im Rennen. Zu den anderen Unterlagen, die Sie im Rahmen Ihrer Empfehlungsmarketing-Kampagne benötigen, gehören jedoch auch Broschüren und Visitenkarten (beide mit sorgfältig entworfenem Logo) sowie verschiedene andere Verkaufsunterlagen. Ihre ausführliche Besprechung geht über den Rahmen dieses Buches hinaus. Es gibt jedoch Bücher, die in diesem Zusammenhang gute Hilfestellung bieten.

Fast jede Firma benötigt Unterlagen, aus denen eine überzeugende Unternehmensphilosophie, die angebotenen Produkte und Dienstleistungen sowie die Möglichkeiten der Kontaktaufnahme klar hervorgehen. Gut aufgebaute Informationsunterlagen können von Ihren „Empfehlungspartnern" dazu benutzt werden, noch schneller Kunden zu Ihnen zu schicken. Nachfolgend gebe ich Ihnen einige Tipps.

Broschüren

Ein wichtiges Informationsmedium ist die Broschüre. Sie bietet eine griffige Möglichkeit zur Eigenwerbung in kurzer gedruckter Form. Ist sie eindrucksvoll genug, wird sie vielleicht sogar von einem potenziellen Kunden zum nächsten weitergereicht. Gute Broschüren haben eine ziemlich lange Lebensdauer und sind nicht schon wenige Monate nach dem Druck veraltet. Ihre Kunden können sie als Erinnerung an Ihr Angebot aufbewahren.

Weil die Broschüre einer Vielzahl von Zwecken und Verwendungsmöglichkeiten dient, müssen Sie für ihre Erstellung vielleicht mehr Geld als für andere Unterlagen ausgeben. Das bei der Lektüre vermittelte Image kann beim Leser einen starken Eindruck hinterlassen. Generell ist zu sagen, dass Ihre Broschüre widerspiegeln muss, was die Leser über Ihr Unternehmen, Ihre Produkte und/oder Ihre Dienstleistungen denken sollen. Sie muss alles enthalten, was man Ihrer Meinung nach über Ihr Unternehmen wissen sollte.

Rezept für eine ausgezeichnete Broschüre

Titelseite. Die Titelseite sollte Ihren Firmennamen (oder die Namen der Produkte bzw. angebotenen Dienstleistungen) und eine kurze, aus einem Slogan oder einem Satz bestehende Beschreibung enthalten.

Innenseiten. Bemühen Sie sich bei der Beschreibung Ihres Unternehmens bzw. Ihrer Produkte oder Dienstleistungen um Vollständigkeit und Prägnanz. Sagen Sie ohne Umschweife wer, was, wo, wann und warum.

Allgemeine Aussage zu Ihren Fähigkeiten. Was können Sie und wer kann Ihre Dienste nutzen?

Ausgewählte Referenzkunden/-projekte. Nennen Sie, wenn Ihre Fima noch neu ist, Beispiele für die Art der Arbeiten oder Probleme, die Sie übernehmen bzw. lösen wollen.

Zitate. Führen Sie die Aussagen zufriedener Klienten und Kunden an. Besitzen Sie hierzu nichts Schriftliches, dann setzen Sie sich ans Telefon und veranlassen Sie etwas. Denken Sie daran: Die Leute wollen wissen, dass Sie eine gute Empfehlung sind.

Preisangaben. Sagen Sie, falls möglich, wie teuer Ihre Produkte oder Dienstleistungen sind.

Antwortmaterial. Das Anheften von Antwortvordrucken oder -karten, Bestellformularen, Zusagen für Veranstaltungen oder Anforderungskarten für weitere Informationen können bei der Kundengewinnung helfen.

Lebensläufe. Skizzieren Sie kurz den Lebenslauf Ihrer wichtigsten Mitarbeiter oder derjenigen, die die erhaltenen Aufträge unmittelbar ausführen werden.

Allgemeine Highlights. Erwähnen Sie kurz jeden zusätzlichen Pluspunkt.

Name, Anschrift, Telefonnummer, E-Mail-Adresse. Geben Sie diese Daten gut sichtbar an. Die meisten Leser suchen sie auf der Rückseite einer Broschüre.

Viele Verbände geben Broschüren heraus, die von ihren Mitgliedern problemlos für eigene Zwecke genutzt werden können. Sie müssen nur ein paar Zeilen mit Namen, Anschrift, Telefonnummer und E-Mail-Adresse ihres Unternehmens hinzufügen. Dies ist eine hervorragende Gelegenheit, an qualitativ hochwertiges Material und sorgfältig formulierte Inhalte deutlich preisgünstiger als durch vollständig eigene Produktion zu gelangen.

Logos

Logos hinterlassen bei anderen einen unaufdringlichen, aber dauerhaften Eindruck. Um bei der Entwicklung eines Logos „in Gang zu kommen", können Sie alle in Ihrem Besitz befindlichen Unternehmensunterlagen, Visitenkarten und Werbematerialien anderer Firmen zusammentragen, sie ausbreiten und sich fragen, ob irgendetwas darauf Ihre Phantasie anregt. Welche Gestaltungselemente hinterlassen bei Ihnen einen bleibenden Eindruck? Könnten Sie sie verändern und verbessern, sie an Ihr eigenes Produkt oder an die von Ihnen angebotene Dienstleistung anpassen?

An den Entwurf eines eigenen Logos können Sie auch grafisch herangehen, indem Sie kreativ den Namen oder die Initialen Ihrer Firma so gestalten, dass sie Aufmerksamkeit erregen. Buchstaben können ausreichend für ein Logo sein, wenn sie auffallend genug sind.

Visitenkarten

Visitenkarten sind ein wichtiges Element Ihrer Empfehlungskampagne. Ihre Karte muss Ihren Namen und Titel enthalten, den Namen Ihrer Firma, das Logo, die Anschrift, die Telefon- und Faxnummer sowie die E-Mail-Adresse.

Wenn Ihre Firma etwas mit Verkaufen zu tun hat, dann können Sie dem Erinnerungsvermögen anderer nachhelfen, indem Sie Visitenkarten mit einem Foto von sich versehen. Noch Wochen und Monate nach einer Begegnung mit Ihnen wird sich jemand, der Ihr Bild sieht, mit Ihnen auf irgendeine Weise enger verbunden fühlen. Für die entsprechende Person sind Sie dann viel mehr als eine Stimme: Sie sind eine Persönlichkeit mit Gesicht. Obwohl Foto-Visitenkarten etwas teurer als gewöhnliche sind, macht die bessere Wiederkennung diese zusätzlichen Kosten in einigen Berufen wett.

Materialien-Checkliste

Auf der folgenden Seite finden Sie eine kurze Checkliste für Dinge, die Sie vielleicht schon besitzen oder die Sie beschaffen sollten. Sie können sie bei der Entwicklung des von Ihnen angestrebten Image unterstützend einsetzen.

Noch ein Wort zum Abschluss: Achten Sie darauf, dass Sie die Informationsunterlagen für potenzielle Kunden und zur Unterstützung Ihrer laufenden PR-Aktivitäten stets griffbereit haben. Hierfür benötigen Sie ein effizientes Ablagesystem, denn nur so können Sie, wann immer es nötig ist, schnell reagieren.

Zum Marketingplan am Ende des Buches gehören einige Arbeitsblätter, die Sie ausfüllen sollten, um die ersten Schritte zur Formulierung einer positiven Botschaft und zu ihrer wirksamen Übermittlung zu tun. Der Aufbau eines positiven Image, das Ihnen auf dem Markt vorauseilt, gehört zu den grundlegenden Voraussetzungen, um auf der Basis von Empfehlungen Kunden zu akquirieren. Denn nur mit einem positiven Image verbessern Sie Ihre Glaubwürdigkeit – eine wichtige Bedingung, um von anderen Menschen regelmäßig empfohlen zu werden.

Checkliste für Materialien, die Ihnen bei der Entwicklung Ihres Image helfen

- Briefe von zufriedenen Kunden
- andere gesammelte Kommentare, Karten und Nachrichten von Kunden
- Fotos von Ihrem Büro und Ihren Produkten (mit Mitarbeitern, Klienten usw.)
- Fotos der Büroräume und Produkte Ihrer wichtigsten Kunden
- Fotos von Ihnen und Ihren Mitarbeitern
- Auszeichnungen, Zertifikate
- Zeitschriftenartikel, in denen Sie erwähnt werden
- selbstverfasste, veröffentlichte Artikel
- ein einseitiges, per Fax versendbares Informationsblatt
- unveröffentlichte Artikel von Ihnen
- Kassetten oder Videos, die Sie aufgenommen haben
- alle veröffentlichten Ankündigungen neuer Produkte oder Pressemeldungen
- gegebenenfalls Ihre Anzeige in den Gelben Seiten
- Kopien anderer Anzeigen, die Sie geschaltet haben
- Texte Ihrer Radio- oder TV-Werbung
- eine Liste Ihrer Mitgliedschaften und Zugehörigkeiten
- Produktübersichten, die Sie einsetzen
- Ihre aktuellen Broschüren, Rundschreiben oder Datenblätter
- Fragebögen
- Logos, Handelsmarken, Muster oder Entwürfe, die Sie eingesetzt haben
- Briefkopf und Briefpapier
- Jahresbericht, Image-Broschüre, Prospekte
- Newsletter oder ähnliche Publikationen, die Sie versenden
- schriftlich ausformuliert: Motto, Ihre Firmenphilosophie oder ein Serviceversprechen
- Angebote und Vordrucke für Ausschreibungen
- Marktübersichten
- Präsentationsunterlagen, Dias und Overhead-Folien
- Werbebriefe
- allgemeine Unterlagen von Ihrem Verband oder Ihrem Netzwerk
- Artikel über Trends, die für Ihren Markt relevant sind
- Poster, Ausstellungsmaterial u. Ä., das Sie auf Messen verwendet haben

Heiße Tipps und Einsichten

1. Ein bestätigendes, professionelles Image vermittelt Sicherheit, wenn Menschen etwas kaufen, das sie – wie eine Dienstleistung – nicht sehen oder anfassen können.

2. Wir werden in unserem Berufsalltag, auf Reisen und beim Fernsehen mit Informationen und Bildern bombardiert. Übereilt treffen wir richtige oder falsche Entscheidungen. Denken Sie deshalb daran: Das Überleben Ihres Unternehmens hängt davon ab, wie Sie sich selbst positionieren und darstellen.

3. Unter der Voraussetzung, dass Kommunikation dann am effizientesten ist, wenn sie zur richtigen Zeit am richtigen Ort stattfindet, kann man Positionierung als ein System betrachten, mit dem man sich dauerhaft ins Bewusstsein der Menschen bringt.

4. Ihr geschäftlicher Erfolg hängt oft davon ab, wie Sie in den Medien erscheinen. Ein Zeitungsartikel über eine Firma bewirkt weitaus mehr als eine von der gleichen Firma geschaltete Anzeige.

5. Die Kosten für das Schreiben und Drucken eines mehrseitigen Artikels über Sie – inklusive Fotos – sind sehr wahrscheinlich viel geringer als eine einzige ganzseitige Anzeige im gleichen Objekt.

6. Mithilfe gut gestalteter Informationsunterlagen können Ihre „Empfehlungspartner" mehr potenzielle Kunden zu Ihnen schicken.

7. Weil eine Broschüre einer Vielzahl von Verwendungszwecken dient, müssen Sie für ihre Erstellung vielleicht mehr Geld ausgeben als für andere Materialien. Ihre Broschüre muss zum Ausdruck bringen, was die Leser über Ihr Unternehmen und über Ihre Produkte und/oder Dienstleistungen denken sollen.

8. Visitenkarten spielen bei Ihrer Empfehlungskampagne eine zentrale Rolle. Sie müssen den Namen Ihres Unternehmens enthalten, das Logo, die Anschrift, die Telefon- und Faxnummer, E-Mail-Adresse sowie Ihren eigenen Namen und Titel.

9. Achten Sie für den schnellen Zugriff auf Ihre Unterlagen zur allgemeinen Information und zur Unterstützung Ihrer laufenden PR-Aktivitäten auf ein effizientes Ablagesystem.

10. Eine gute PR-Kampagne kann das in Sie gesetzte Vertrauen entscheidend verbessern.

8. Networking zahlt sich aus
Ein bisschen Theorie zum Thema

Was Networking bedeutet

Immer schon haben Menschen Kontakt zu anderen Menschen gesucht, weil sie sich davon eine Erleichterung in ihrem Leben versprachen. Immer schon sind sie auch Bündnisse eingegangen, weil sie wussten, dass ihr eigenes Wohlergehen früher oder später von der Hilfsbereitschaft anderer abhängen würde. Die Idee von der Zusammenarbeit in Netzwerken ist nicht neu. Doch sie verbreitet sich zunehmend und die Gruppen werden immer perfekter organisiert. In den späten 70er und frühen 80er Jahren erlangte der Begriff *Networking* vor allem im angloamerikanischen Raum die Bedeutung eines systematischen und ausgefeilten Ansatzes zur Akquisition von Geschäften. Unklar ist jedoch manchmal die Abgrenzung zwischen *Networking* und *Mundpropaganda*.

Mit *Networking* ist der Prozess gemeint, den Sie durchlaufen müssen, um auf der Basis von Empfehlungen Kunden zu gewinnen. Mithilfe von Netzwerken können Sie Ihre Botschaft wirksam übermitteln und auf diese Weise letztlich Empfehlungen erzielen.

Networking bedeutet auch die Kontaktaufnahme mit dem Ziel, Kunden zu gewinnen, sich zu informieren, den eigenen Einflussbereich zu vergrößern oder dem Gemeinwohl zu dienen. Networking ist die wirksamste Technik, die Sie einsetzen können, um beliebigen Unternehmungen zum Erfolg zu verhelfen. Um alle diese Ziele zu erreichen, organisieren sich Menschen in Netzwerken, in denen sie formell oder informell zusammen-

> *Mithilfe von Netzwerken können Sie Ihre positive Botschaft wirksam übermitteln. Das Endergebnis sind Empfehlungen.*

arbeiten. Denken Sie bei allen meinen Ausführungen zu diesem Thema daran, dass es sich um Networking handelt, das ausdrücklich dazu dient, auf der Basis von Empfehlungen Kunden zu gewinnen.

Was Networking *nicht* ist

Über Networking existieren zahlreiche falsche Vorstellungen. Im Leitartikel einer Zeitung habe ich gelesen, „Networker" stürzten wie die Geier in einen Raum voller Menschen und ließen niemanden ungeschoren davonkommen. Diesem Artikel zufolge sind die Mitglieder von Netzwerken nur an sich selbst und nicht an ihren Gesprächspartnern interessiert. Die Verfasserin dieses Artikels belegte ihre Ausführungen mit einigen Besuchen von Netzwerktreffen, bei denen sie die so genannten „Networker" beobachtet hatte.

Zwischen guter und schlechter Netzwerkarbeit gibt es wirklich einen großen Unterschied und die Dame war zweifellos Zeugin einiger guter Beispiele für schlechtes Networking. Für mich klang es so, als hätten einige der von ihr beschriebenen Personen keinerlei Ausstrahlung besessen und als habe ihr wichtigster Beitrag zum Gelingen der Veranstaltung darin bestanden, diese zu verlassen. Es waren in der Tat Geier, die ihre Beute umkreisten. Aber zu sagen, solche Leute seien typisch für alle Networker, wäre eine unzulässige Verallgemeinerung. Networking ist so gut oder so schlecht wie die Personen, die es betreiben. Das Problem besteht einfach darin, dass gutes Networking gelernt sein will – und nicht alle Leute haben es gelernt.

Bis jetzt waren die meisten Menschen für den Erwerb von Networking-Fertigkeiten auf sich gestellt. Sie haben auf ihre Management-, Vertriebs- und gesellschaftlichen Fähigkeiten zurückgegriffen und diese auf einen schwammig definierten Networking-Begriff angewandt. Unter anderem weil ich Ihnen dabei helfen will, die für einen erfolgreichen oder hervorragenden Networker benötigten Fertigkeiten und Techniken zu erlernen, schrieb ich dieses Buch.

Der Unterschied zwischen „Networking" und „hervorragendem Networking"

Netzwerke sind Vereinigungen von Berufstätigen, die sich gegenseitig systematisch darin unterstützen, neue Kunden zu gewinnen. Hervorragendes, richtig betriebenes Networking ist alles andere als oberflächlich. Es kommt, ganz im Gegenteil, allen Beteiligten zugute. Wenn Sie aufgrund von Empfehlungen Kunden gewinnen wollen, dann muss das auf der Vorstellung basieren, dass *Geben seliger denn Nehmen* ist. Wenn Sie also selbst Geschäfte machen wollen, dann müssen Sie anderen Geschäfte ermöglichen. Ich glaube, dass die Notwendigkeit, sich dieser Philosophie anzuschließen, klar auf der Hand liegt. Menschen, die anderen Geschäfte ermöglichen, werden auch selbst geschäftlich erfolgreich sein. Im Rahmen eines hervorragenden Networking können viele Personen, mit denen Sie im Netzwerk zusammenarbeiten, Freunde sein oder werden.

> *Der Schlüssel für Geschäfte durch Empfehlungen ist gegenseitige Unterstützung, der Aufbau von Beziehungen und dauerhaften beruflichen Freundschaften.*

Um durch Empfehlungen Kunden zu gewinnen, müssen Sie – und das ist der Schlüssel zum Erfolg – anderen helfen sowie Beziehungen und dauerhafte berufliche Freundschaften zu ihnen aufbauen.

Die Mitglieder eines Netzwerks haben die Aufgabe, ihr eigenes Geschäft zu fördern, indem sie sich gegenseitig helfen. Durch die regelmäßigen Netzwerktreffen können sich Berufstätige bzw. Geschäftsleute kennen lernen. Bei diesen Begegnungen können sie mehr über den Beruf oder das Geschäft des anderen erfahren, so dass sie sich sicherer fühlen, wenn sie sich gegenseitig empfehlen.

Es gibt auch ein Netzwerk, das sich über die Mitglieder einer Organisation hinaus erstreckt. In einem Netzwerk kennt jedes Mitglied Dutzende Menschen, die ihrerseits Dutzende anderer Menschen kennen, und so weiter. Dadurch kann eine Gruppe von 30 oder 40 Personen buchstäblich Tausende anderer Menschen überall in der gesamten Geschäftswelt kennen.

Netzwerke haben somit oftmals mehr Einfluss, als sich aufgrund ihrer Größe zunächst vermuten ließe. Das gilt besonders für Netzwerke, in denen sehr enge Kontakte gepflegt werden, deren Mitglieder sich regelmäßig treffen und in denen Anzahl und Qualität der vermittelten Kontakte dokumentiert werden.

Unbezahlte Verkäufer

Durch gut funktionierende Netzwerke können Sie wertvolle Geschäftskontakte aufbauen und austauschen. In einem gut organisierten Netzwerk Mitglied zu sein ist so, als würden Dutzende Verkäufer für Sie arbeiten und Ihnen potenzielle Kunden schicken. Nein, es gibt keine Garantie dafür, dass aus diesen Empfehlungen tatsächlich Geschäfte entstehen. In der Regel handelt es sich jedoch um seriöse Kontakte. Wenn dieses erweiterte Netzwerk richtig funktioniert, werden die meisten Ihrer zukünftigen Kunden von dort kommen. Viele erfolglose Geschäftsleute hängen einfach ein Firmenschild auf, schalten einige Anzeigen und warten dann darauf, dass die Kunden ihnen die Tür einrennen. Im Gegensatz dazu arbeiten erfolgreiche Geschäftsleute hart daran, Neukunden durch die Nachbereitung der vorhandenen – durch Empfehlungen entstandenen – Kontakte zu gewinnen.

Einem gut organisierten Netzwerk anzugehören ist, als würden Dutzende Verkäufer potenzielle Kunden zu Ihnen schicken.

Nachgewiesene Erfolge

Ich habe mehr als zehn Jahre überall im Land in beruflichen Netzwerken mitgearbeitet oder sie geleitet. In dieser Zeit konnte ich überzeugende Belege dafür sammeln, dass solche Organisationen zu den effizientesten Mitteln gehören, um auf der Basis von Empfehlungen neue Kunden zu gewinnen.

Im Rahmen einer von Robert Davis an der Universität von San

Francisco durchgeführten Untersuchung fand man heraus, dass die Mitglieder von Netzwerken „offenbar überdurchschnittliche Networking-Fähigkeiten besitzen". Weiter weist die Studie darauf hin, dass „Menschen, die erfolgreicher als andere Networking betreiben, jene also, die gute Networking-Fertigkeiten besitzen, ihren Kollegen im Netzwerk mehr Kontakte vermitteln", aus denen ihrerseits „tatsächlich mehr Kunden werden". Wer Mitglied in einem Netzwerk ist, so wird in der Studie gefolgert, entwickelt also spezielle Fertigkeiten, über die der durchschnittliche Geschäftsmann nicht verfügt. Diese Qualifikationen führen zu einer größeren Anzahl von Empfehlungen seitens anderer Geschäftsleute, aus denen wiederum wesentlich häufiger Kunden werden. Dies ist ein stichhaltiges Argument für eine Mitgliedschaft in organisierten Netzwerken.

Business-Netzwerke gehören zu den wirksamsten Mitteln, um Neukunden durch Empfehlungen zu gewinnen.

Im Rahmen meiner Dissertation an der University of Southern California führte ich eine umfassende Untersuchung der zwischen Mitgliedern von Business Network Intl. ausgetauschten Kontakte durch. Dabei habe ich herausgefunden, dass die Häufigkeit, mit der ein Mitglied innerhalb eines beruflichen Netzwerks empfohlen wird, umso größer ist, je länger die Mitgliedschaft andauert.

Tatsächlich verdoppelt sich die Wahrscheinlichkeit, 100 oder mehr potenzielle Kunden genannt zu bekommen, mit jedem Jahr der Mitgliedschaft. Jemand erzählte mir, dass er durch Empfehlungen im ersten Jahr seiner Mitgliedschaft etwa 6000 Dollar mit *Pagern* verdiente. Im zweiten Jahr stieg der Umsatz auf 11.000 Dollar und im dritten Jahr auf fast 22.000 Dollar an. Die Untersuchung zeigte eindeutig, dass sich eine Mitgliedschaft umso mehr lohnt, je länger sie besteht.

Zeit ist Geld

Die Relevanz einer langen Mitgliedschaft in einem Netzwerk gehört tatsächlich zu den aufregendsten Ergebnissen meiner Dissertation. Die Untersuchung zeigte zum Beispiel, dass die Anzahl von Empfeh-

lungen bei Leuten, die seit ein bis zwei Jahre Mitglied waren, über 50-
mal größer war als bei Leuten, deren Mitgliedschaft weniger als ein
Jahr bestand.

Dieser Trend setzte sich über die gesamte Dauer der Mitgliedschaft
fort. So haben 52,3 Prozent der Befragten, die nur weniger als ein Jahr
Mitglied waren, angegeben, dass das größte durch eine Empfehlung
entstandene Geschäft einen Wert
von 250 Dollar oder weniger hatte,
während nur 7,5 einen Wert von
über 2500 Dollar nannten. Andererseits sagte keiner der Befragten
mit mehrjähriger Mitgliedschaft,
dass der Wert seines größten emp-
fehlungsbedingten Geschäftes un-
ter 250 Dollar war, 52 Prozent nannten an dieser Stelle 2500 Dollar
und 32 Prozent sogar über 5000 Dollar. Somit korrelieren große Geschäfte direkt mit der Dauer der Mitgliedschaft. Mit anderen Worten:
Bei Personen, die längere Zeit Mitglied in einem Netzwerk sind, ist die
Wahrscheinlichkeit, dass ihnen bedeutende Geschäfte vermittelt werden, größer als bei Personen mit kurzer Mitgliedsdauer.

*Die Wahrscheinlichkeit, 100 und
mehr Kontakte zu potenziellen
Kunden zu erhalten, verdoppelt
sich praktisch mit jedem Jahr Mitgliedschaft in einem Netzwerk.*

Mitgliedschaft in Jahren	0–1	1–2	2–3	3–4	4 +
Einnahmen netto aus den stärksten Empfehlungen					
unter 1000 $	76,3	57,5	40,9	27,0	20,0
über 1000 $	23,7	42,5	59,1	73,0	80,0

Abb. 8.1: Einfluss der Mitgliedsdauer auf den Wert der Kontakte (Angaben in
Prozent)

Abbildung 8.1 veranschaulicht diese Beobachtung. Wie Sie sehen,
steigt die Wahrscheinlichkeit, mit der jemand durch eine Empfehlung einen Geschäftsabschluss im Wert von über 1000 Dollar tätigt,
mit der Dauer der Migliedschaft. Es bleibt festzuhalten, dass der

Wert vieler Geschäftsabschlüsse deutlich über 1000 Dollar lag (in einigen Fällen über 100.000 Dollar). Im Zeitraum von einigen Jahren wurde vielen Mitgliedern durch Empfehlungen zumindest ein Geschäftsabschluss im Wert von über 10.000 Dollar ermöglicht. Die Chance, mit der die Mitglieder eines beruflichen Netzwerks ein Geschäft im Wert von über 1000 Dollar Nettoeinnahmen abschließen, ist bei einer Mitgliedschaft von mehr als einem Jahr fast doppelt so hoch. Darüber hinaus steigt die Anzahl der insgesamt ausgesprochenen Empfehlungen erheblich, je länger jemand im Netzwerk mitarbeitet (vgl. Abb. 8.2).

„Schneeball-Empfehlungen"

Eine andere wichtige in dieser Untersuchung gewonnene Erkenntnis besagt: Je länger jemand in der Gruppe mitarbeitet, desto größer ist der Prozentsatz an so genannten *„Schneeball*-Empfehlungen" (Empfehlungen durch Kunden, die sich ihrerseits aufgrund einer Empfehlung an Sie gewandt haben). Es gab zahlreiche übereinstimmende Äußerungen der Befragten zum Thema *„Schneeball*-Kontakte". Die meisten bezogen sich auf die Entstehungsbedingungen von *Schneeball*-Empfehlungen und/oder daraus tatsächlich getätigte Abschlüsse.

Mitgliedsdauer in Jahren	0–1	1–2	2–3	3–4	4+
Anzahl Kontakte					
0–9	57,4	13,5	9,9	0,0	0,0
10–19	23,1	24,5	8,5	8,1	16,0
20–29	10,1	16,8	19,7	10,8	8,0
30–39	3,4	17,4	14,1	16,2	4,0
40–49	2,7	5,8	8,5	13,5	4,0
50–59	1,9	11,6	21,1	18,9	4,0
60–99	1,1	7,7	12,7	21,6	40,0
100+	0,4	2,6	5,6	10,8	24,0

Abb. 8.2: Anzahl der Kontakte in Relation zur Mitgliedsdauer (Angaben in Prozent)

Da wurde zum Beispiel ein Fotograf, der seinem Netzwerk seit fast zehn Jahren angehörte, von einem anderen Mitglied an eine Service-Firma empfohlen. Die Firma beauftragte ihn, alle 60 Mitarbeiter zu fotografieren. Daraus entstanden einzelne Anfragen zu Familienportraits und schließlich ein Fotoauftrag anlässlich der Feierlichkeiten bei der jährlichen Vergabe von Auszeichnungen für besondere Leistungen. Allein diese eine Empfehlung führte zu *Schneeball*-Geschäften im Wert von ingesamt fast 10.000 Dollar.

Ein Maler berichtete von einen Immobilienmakler in seiner Ortsgruppe. Dieser hatte in der Zeitung ein Haus inseriert, das vor dem Verkauf noch gestrichen werden musste. Hierzu erteilte man ihm den Auftrag. Während er noch die Außenwände strich, entschlossen sich die Nachbarn, ihr Haus ebenfalls streichen zu lassen. Der neue Kunde hatte um die Ecke einen Freund, der an seinem Haus ebenfalls einige Malerarbeiten ausgeführt haben wollte. Auch diesen Auftrag erhielt er. In der Zwischenzeit hatte sein erster Kunde das Haus verkauft und die neuen Besitzer wollten alles umgestalten. Deshalb wollten sie sowohl außen als auch innen einen vollständig neuen Anstrich. „Als alles fertig war, betrug der Wert der ursprünglichen Empfehlung", so der Maler, „über 11.000 Dollar."

Die persönliche Empfehlung funktioniert überall

Eine weitere interessante Erkenntnis bezieht sich auf verschiedene geographische Gebiete. Ein bisher unveröffentlichter Teil meiner Untersuchung besagt, dass es weder in bezug auf die Anzahl neuer Geschäftsabschlüsse noch bezüglich des durchschnittlichen Werts von Empfehlungen einen statistisch signifikanten Unterschied zwischen den verschiedenen Landesteilen gab. Das bedeutet, dass die Zugehörigkeit zu einer bestimmten geographischen Region

Menschen, die erfolgreich Empfehlungsmarketing betreiben, machen im Grunde überall auf die gleiche Weise Geschäfte durch Empfehlungen – unabhängig von Wetter, Zeitzonen, Bevölkerung oder vorherrschenden Meinungen.

keine Rolle spielt – sowohl hinsichtlich der Anzahl als auch des Wertes der in einem Netzwerk mit engen Kontakten zu erwartenden Geschäfte. Dies ist insofern wichtig, weil mir immer wieder Leute sagen: „Das funktioniert in unserer Stadt nicht, wir machen das hier nicht so." Es konnte jedoch nachgewiesen werden, dass erfolgreiche „Networker" prinzipiell auf die gleiche Art und Weise überall Empfehlungsgeschäfte für sich erzeugen. Dabei ist gleichgültig, in welcher Zeitzone sie leben, wie die Menschen dort sind oder welche Geisteshaltung in einer bestimmten Gegend vorherrscht.

Ich habe im Laufe der Jahre gelernt, dass Menschen – genau wie Wasser – den Weg des geringsten Widerstandes suchen. Sie versuchen, das Einfachste zu tun, nicht das Effizienteste. Das Unerhörte daran ist nur, dass sie dann ihre Umwelt dafür verantwortlich machen. Das gilt besonders, wenn sie kulturelle Pseudoargumente anführen. So behaupten sie beispielsweise: „Die Menschen hier stehen für geschäftliche Verabredungen nicht gerne früh auf." Entschuldigung, aber überall auf der Welt stehen viele Leute wegen Besprechungen nicht besonders gerne früh auf. Wenn sie geschäftlich erfolgreich sein wollen, tun sie es aber dennoch. Lassen Sie sich von solchen Bedenkenträgern nicht einreden, Ihnen gelänge etwas nicht, das andere Menschen sehr erfolgreich tun. Ich habe viele Leute gehört, die ihre Untätigkeit mit „Das macht man hier nicht so" entschuldigen. Andererseits habe ich Zehntausende von Geschäftsleuten überall auf der Welt gesehen, die mithilfe der in diesem Buch vorgestellten Konzepte erfolgreich Geschäfte machen. Das überrascht nicht, denn wenn ein Modell funktioniert, dann sollte es überall, wo Geschäftsleute ihr Einkommen verbessern wollen, funktionieren.

Das Geschlecht spielt keine Rolle

Die Untersuchung zeigte auch, dass viele Frauen vertreten und geschäftlich genauso aktiv waren wie Männer (vgl. Abb. 8.3). Wenngleich Männer und Frauen die gleiche Anzahl an Geschäften anbahnten und abschlossen, hatte das für die Frauen, eigenen Aussagen zufolge, größere Auswirkungen.

Geschlecht	männlich	weiblich
Anzahl Kontakte		
0–9	40,9	38,5
10–19	18,7	24,7
20–29	14,3	9,2
30–39	7,4	8,6
40–49	4,8	3,9
50–59	6,5	6,6
60–99	5,7	5,9
100 +	2,6	2,6

Abb. 8.3: Anzahl Kontakte nach Geschlecht des Mitglieds

Eine Steuerberaterin sagte: „Ich bin noch relativ neu im Geschäft. Seit ich vor mehr als einem Jahr Mitglied in der Organisation wurde, schreibe ich den Großteil meiner Rechnungen aufgrund dieser Mitgliedschaft – einige nach Empfehlungen, die ihrerseits durch Empfehlungen entstanden sind. Ingesamt verdanke ich 66 Prozent meiner Honorare unmittelbar den ‚Empfehlungsverkäufern' dieser Gruppe."

Die nächste Stufe

In diesem Kapitel versuchte ich nachzuweisen, dass Empfehlungsmarketing, sofern es richtig betrieben wird, sehr gut funktioniert. Die Zusammenarbeit im Netzwerk ist ein wesentlicher Bestandteil dieses Prozesses, weil das Netz Ihnen hilft, Ihre Botschaft effektiv zu übermitteln. Untersuchungen haben gezeigt, dass Menschen, die in einem professionell aufgezogenen Netzwerk engagiert sind, überdurchschnittlich erfolgreich andere empfehlen und selbst empfohlen werden. Die Zahlen weisen weiterhin darauf hin, dass mit zunehmender Dauer einer Mitgliedschaft der Wert der durch Empfehlungen abgeschlossenen Geschäfte steigt. Außerdem spielt das Geschlecht offenbar keine Rolle. Männer und Frauen profitieren von diesem Ansatz gleichermaßen.

Ein gezieltes Empfehlungsmarketing funktioniert gut, weil es auf der Hilfe von Menschen beruht, die gemeinsam mit Ihnen durch Empfehlungen mehr Kunden gewinnen wollen. Die gute Absicht allein reicht jedoch nicht aus. Im nächsten Kapitel werde ich einige wichtige Fertigkeiten beschreiben, deren Beherrschung zur wirksamen Übermittlung Ihrer Botschaft notwendig ist. Diese

Networking ist ein integraler Bestandteil des Empfehlungsmarketings, weil es Ihnen dabei hilft, eine positive Botschaft wirksam zu übermitteln.

Fertigkeiten oder „Gebote" sind die Eckpfeiler einer effizienten Umsetzung Ihres Empfehlungsprogramms.

Heiße Tipps und Einsichten

1. Networking ist ein Teil des Prozesses, den Sie durchlaufen müssen, um auf der Basis von Empfehlungen neue Kunden zu gewinnen. Mithilfe von Netzwerken können Sie Ihre positive Botschaft effektiv übermitteln. Das führt dazu, dass man Sie anderen empfiehlt.

2. Der Schlüssel zur Kundengewinnung durch Empfehlungen ist gegenseitige Unterstützung, der Aufbau von Beziehungen und die Pflege dauerhafter beruflicher Freundschaften.

3. Mitglied in einem gut organisierten Netzwerk zu sein ist, als ob Dutzende Verkäufer für Sie arbeiten und potenzielle Kunden zu Ihnen schicken.

4. Menschen, die in Netzwerken engagiert sind, haben überdurchschnittliche „Networking-Fähigkeiten".

5. Je länger jemand Mitglied in einem Netzwerk ist, desto größer ist die durchschnittliche Anzahl von Geschäften, die aufgrund von Empfehlungen abgeschlossen werden.

9. Drei Regeln für hervorragendes Networking

Die Geheimnisse einer wirksamen Übermittlung Ihrer Botschaft

Die drei Regeln

Während der letzten zehn Jahre habe ich Personen getroffen, die so unglaubliche Networking-Fertigkeiten entwickelt hatten, dass sie fast 100 Prozent ihrer Geschäfte durch Empfehlungen tätigten. Sie waren so erfolgreich in der Kundengewinnung durch Empfehlungen, weil sie sich ebenso verpflichtet fühlten, andere zu empfehlen, wie die eigenen durch Empfehlungen entstandenen Kontakte zu pflegen. Wie wird man so erfolgreich?

Es gibt drei Anforderungen oder Gebote, die ein hervorragender (oder erfolgreicher) Networker erfüllen bzw. befolgen muss. Sie mögen auf den ersten Blick

Das erste Gebot für hervorragendes Networking: Denken Sie positiv und seien Sie hilfsbereit.

banal erscheinen. Aber lassen Sie sich nicht täuschen. Den einfach klingenden Prinzipien liegt eine Vielzahl von Forderungen und Verpflichtungen zugrunde. Wenn Sie diese Gebote missachten, werden Sie zwar viele Stunden und einige Dollar in Netzwerkgruppen investieren, dabei jedoch nur eine schlechte Rendite erzielen.

Die erste Regel für hervorragendes Networking: *Bemühen Sie sich um eine positive und hilfsbereite Einstellung.* Ein guter Net-

Networking basiert auf der Maxime, dass Geben seliger denn Nehmen ist.

worker muss anderen Geschäftsleuten positiv und hilfsbereit gegenübertreten. Auch wenn Sie ansonsten von der Lektüre dieses Buches vielleicht nicht viel mitnehmen mögen: Denken Sie daran, dass hervorragendes Networking auf der Maxime beruht, dass Geben seliger denn Nehmen ist.

Wenn Sie anderen Personen großzügig Geschäfte vermitteln, werden diese das Gleiche für Sie tun. Dieses Konzept basiert auf einer alten Erkenntnis: „Wie man in den Wald hineinruft, so schallt es heraus." Wenn ich Ihnen Geschäfte vermittle, dann tun Sie das Gleiche für mich und so sind wir beide erfolgreicher.

Networking kann man mit einem Sparguthaben vergleichen: Wenn Sie immer klug sparen, haben Sie etwas, auf das Sie zurückgreifen können, wenn Sie eines Tages Geld brauchen. Ein begeisterter Netzwerker erzählte mir einmal Folgendes: „Je länger ich der Gruppe angehöre, desto mehr lerne ich, wie Networking funktioniert, und desto öfter empfielt man mich. Außerdem habe ich den Eindruck, dass ich umso öfter empfohlen werde, je mehr Geschäfte ich tatsächlich abschließe. Durch den Aufbau von dauerhaften Beziehungen erhalte ich das Vertrauen der anderen Mitglieder. Deshalb vermittelt man mir eher Geschäfte und es ist leichter, sie abzuschließen."

Eine positive, hilfsbereite Einstellung hat auch etwas damit zu tun, wie Sie sich anderen Menschen gegenüber präsentieren. Jeder macht gern Geschäfte mit einem begeisterten Optimisten. Wenn Sie einem Netzwerk beitreten, dann sollten Sie sich auf den Zweck Ihrer Mitgliedschaft konzentrieren. Ich beobachte, dass viele Menschen zu Netzwerktreffen gehen und sich dann durch unwichtige Nörgeleien ablenken lassen: „Das Essen ist nicht gut", „Der Redner war mittelmäßig", „Dieser Raum ist nicht besonders schön" usw.

Die erste Regel für hervorragendes Networking ist mehr als eine Einstellung: Es ist eine Lebensphilosophie und eine gute Art, Geschäfte zu machen.

Solchen Kritikern verdanke ich die folgende Anekdote: Ein Steward bei einer Fluggesellschaft reagierte einmal auf die Klagen eines Passagiers über die Qualität des Essens mit der Frage: „Würden Sie denn auch in einem französischen Restaurant ein Flugticket bestellen?" Das gleiche Grundprinzip gilt für Netzwerktreffen. Die Qualität des Essens und der Vorträge sollte im Vergleich zu den Kontakten, die Sie knüpfen können, zweitrangig sein. Verlieren Sie Ihr Ziel nicht aus den Augen.

Es heißt nicht „Netz*sitz*" oder „Netz*essen*", sondern „Netz*werk*". Wenn Sie wollen, dass Ihr Netzwerk für Sie arbeitet, dann müssen auch Sie bereitwillig etwas für Ihr Netzwerk tun.

In vieler Hinsicht ist mit dieser ersten Regel für hervorragendes Networking mehr als nur eine persönliche Einstellung verbunden. Es ist eine Lebensart und einfach eine gute Art, Geschäfte zu machen. Wenn Sie immer und bewusst an andere denken, dann werden diese das Gleiche für Sie tun.

Die zweite Regel für hervorragendes Networking lautet: *Lernen Sie, „Networking-Tools" wirkungsvoll einzusetzen.* Ein hervorragender Networker muss, um im Netzwerk geschickt agieren zu können, die richtigen Werkzeuge haben und sie auch benutzen. Fachleute brauchen die Werkzeuge ihrer Branche, um ihre Arbeit zu tun.

> *Die zweite Regel für hervorragendes Networking: Lernen Sie, Ihre Networking-Tools wirksam einzusetzen.*

Ein Maler braucht einen Pinsel, ein Lehrer benötigt die Tafel und eine Sekretärin den Computer. Auch Networker brauchen Werkzeuge, wenn sie Erfolg haben wollen.

Zum Rüstzeug eines guten Networkers gehören

➤ Namensschilder, um sich anderen bekannt zu machen,
➤ ein Etui für eigene Visitenkarten,
➤ eine Sammelmappe für die Visitenkarten anderer (am wichtigsten).

Der Begriff „Networking", so heißt es, wurde von der amerikanischen Handelskammer geprägt. Im Verlauf der Jahre bin ich zu vielen Versammlungen verschiedener Kammern gegangen. Lei-

> *Ich kann mir nicht vorstellen, zu einem Geschäftstermin zu gehen und nicht allen Anwesenden mitzuteilen, für welche Firma ich arbeite.*

der scheinen viel zu viele von ihnen jedoch eine Art passives Networking zu praktizieren. Dennoch können solche Treffen – je nach Kammer – eine gute Möglichkeit sein, um viele neue Leute zu treffen.

Schließlich kommen dort Menschen aus einer Vielzahl von Berufen nur deshalb zusammen, um sich kennen zu lernen.

Bei solchen Gelegenheiten begegne ich oft Leuten, die kein Namensschild tragen. Von denen, die es tun, haben viele den Namen ihrer Firma oder ihren Beruf nicht angeführt. Ich kann mir nicht vorstellen, dass irgend jemand zu einer geschäftlichen Verabredung geht und den Anwesenden nicht erzählt, welchen Beruf er ausübt. Wenn Sie alle Früchte Ihres Engagements in Netzwerken ernten wollen, müssen Sie anderen Menschen sagen, wer Sie sind und welchen Beruf Sie ausüben.

Ich treffe auch auf Leute, die keine Visitenkarte dabeihaben. Visitenkarten gehören zu den preiswertesten Formen der Werbung und sind ein wichtiges Werkzeug für die Netzwerkarbeit. Sie sollten gut gestaltet sein und einen professionellen Eindruck machen. Das Wichtigste aber: Sie müssen sie bei sich haben. Ein großes Paket Karten in Ihrer Schreibtischschublade hilft bei Networking-Treffen nicht viel. Sie sollten immer ein mit Visitenkarten gefülltes kleines Metalletui im Handschuhfach oder im Kofferraum Ihres Autos haben, um vor Ort Ihren Kartenvorrat auffüllen zu können. Benutzen Sie die Rückseite von fremden Karten für Notizen, damit Sie sich besser an die betreffende Person oder die Unterhaltung mit ihr erinnern.

Außerdem sollten Sie noch einen Schritt weitergehen und stets eine kunststoff- oder ledergebundene Sammelmappe für die Visitenkarten von Leuten, mit denen Sie im Netzwerk zusammenarbeiten, bei sich haben. Denn dies sind die Personen ihres eigenen Kontaktnetzes, die vermutlich auch Ihre Karte mit sich führen und Sie empfehlen. Sie sollten von jeder Person stets drei oder vier Karten dabeihaben, so dass Sie jedem, der an entsprechenden Produkten oder Dienstleistungen interessiert ist, eine überreichen können.

Geben Sie, wenn Sie in Ihr Büro zurückkehren, die neuen Namen und Informationen in eine Computerdatenbank ein. Neben den herkömmlichen Datenbankprogrammen gibt es viele Telemarketing-Programme, wie beispielsweise *Act*, *BusinessContacts*, *WordPerfect Notebook*, *Telemagic* und *Sharkware*, die sowohl als Datenbank wie auch als System zur Nachbereitung von Kontakten dienen. Jedes dieser Programme hat zwar einen unterschiedlichen Schwerpunkt, bie-

tet aber im Wesentlichen die gleichen Grundfunktionen. Sie geben
neue Informationen und Kontakte ein und erhalten auf Anfrage aktuelle Erfolgsberichte und Memos, wen Sie zurückrufen müssen.
Wenn Sie diese Programme noch nicht nutzen und von ihren Leistungen beeindruckt sind: Keine Sorge, ihre Handhabung lässt sich innerhalb weniger Stunden erlernen. Wenn Ihnen das zu lange dauert,
dann sollten Sie sich einmal die neuesten Visitenkarten-Scanner ansehen. Hier werden alle Informationen der Karten einfach einge-
scannt und auf Ihre Datenbank im PC übertragen. Wie schön wäre es,
wenn das Gerät auch noch an Ihrer Stelle zu den Treffen gehen
könnte ...

Die dritte Regel für hervorragendes Networking lautet: *Networking ist eine erlernbare Fertigkeit.* Die meisten Menschen werden
nicht als Networker geboren. Sie entwickeln die Fertigkeiten durch
Ausbildung, Training, die richtige Einstellung und lange Erfahrung.

Jede wertvolle Technik verlangt
die Bereitschaft, ihren sinnvollen
Einsatz zu erlernen. Die kommende Generation von Berufstätigen wird nach Managementmodel-
len arbeiten, für die Networking

*Die dritte Regel für hervorragen-
des Networking: Networking ist
eine erworbene Fertigkeit.*

zum Alltag gehört. Nutzen Sie jede sich bietende Gelegenheit, um zu
lernen, Netzwerke effektiver zu nutzen. Es ist eine Fertigkeit, deren
Bedeutung ständig zunimmt.

Denken Sie an das, was Will Rogers über die Überholspur gesagt
hat: „Wenn Sie sich dort ausruhen, wird man Sie überfahren!" Wenn
Sie sich in einem Netzwerk engagieren, dann sind Sie auf der richtigen Spur. Nun gilt es jedoch, aus den Chancen, die solche Netzwerke
bieten, Nutzen zu ziehen. Sie müssen also, wenn Sie gute Ergebnisse
erzielen wollen, Networking aktiv betreiben.

Merkwürdigerweise investieren viele Menschen Zeit in ihre Netzwerke, ohne dabei zu lernen, wie man es richtig macht. Das ist so, als
ob Sie versuchten, Tennis- oder Golfspielen ohne Trainerstunden zu
erlernen. Natürlich können Sie spielen, aber wie gut? Es reicht nicht
aus, einfach nur die Treffen zu besuchen. Sie müssen sich Kassetten
anhören, Bücher und Artikel lesen, mit Leuten sprechen, die erfolg-

reich Networking betreiben, und vor allem das Gelernte anwenden. Das Gleiche würden Sie mindestens tun, um das Golfspiel, Mitarbeiterführung oder Verkaufen zu erlernen.

Der nächste Schritt auf dem Weg zu neuen Kunden durch Empfehlungen besteht darin, nach Möglichkeit jede Netzwerkveranstaltung zu besuchen und zu üben, üben, üben! Üben Sie, andere Menschen zu begrüßen, ihnen Ihre Karte zu überreichen, andere nach ihren Visitenkarten zu fragen, zuzuhören, sich zu entschuldigen und sich selbst anderen vorzustellen. Es gibt viele Fertigkeiten, die erworben und perfektioniert werden müssen. Sie können nicht erwarten, schon nach Ihren ersten Besuchen solcher Treffen ein Meister zu sein. Eine positive Botschaft zu übermitteln bedeutet, dass Sie die Techniken, über die ich in diesem Kapitel gesprochen habe, kennen und anwenden müssen. Überarbeiten Sie nochmals den Marketingplan am Ende des Buches, um einige der Hinweise in Ihre persönliche Empfehlungskampagne einzuarbeiten.

Heiße Tipps und Einsichten

1. Hervorragende Networker sind Menschen, die geschickt Networking betreiben und dem Gedanken verpflichtet sind, dass Geben seliger denn Nehmen ist. Weil sie anderen Firmen zu neuen Klienten oder Kunden verhelfen, werden auch ihnen neue Geschäfte vermittelt.

2. Der Schlüssel zur Gewinnung neuer Kunden durch Empfehlungen ist die gegenseitige Unterstützung – nicht unbedingt Freundschaft.

3. Erfolgreiche Netzwerkorganisationen bieten Gelegenheiten, qualitativ hochwertige Geschäftskontakte zu knüpfen und auszutauschen. Mitglied eines gut organisierten Netzwerks zu sein ist, als ob Dutzende von Verkäufern für Sie arbeiteten, von denen jeder einzelne Sie potenziellen Kunden empfiehlt.

4. Ein hervorragender Netzworker braucht eine positive und hilfsbereite Einstellung. Gutes Networking bedeutet, anderen Geschäftsleuten positiv und hilfsbereit zu begegnen.

5. Um professionelles Networking zu betreiben, braucht ein hervorragender Netzworker die richtigen Werkzeuge. Hierzu gehören ein aussagefähiges Namensschild, Visitenkarten und eine Sammelmappe, um die Visitenkarten anderer mit sich führen zu können.

6. Networking ist erlernbar – mithilfe entsprechender Schulungskassetten, Bücher und Artikel, durch Gespräche mit erfolgreichen Netzwerkern und praktisches Training.

7. Erfolgreiches Networking erfordert Übung, Übung und noch mehr Übung.

10. Empfehlungen sind der Mühe Lohn
Andere veranlassen, Ihnen Kunden zu vermitteln
Kreativität zahlt sich aus

Sie können die Vermittlung neuer Kunden enorm fördern, indem Sie sich ausgefallene Incentives für Leute ausdenken, durch die Sie empfohlen wurden. Allerdings ist Vorsicht geboten: Von allen hier vorgestellten Schlüsseltechniken des Empfehlungsprogramms scheint gerade in diesem Bereich die Gefahr am größten, Menschen zu frustrieren.

Früher wurde häufig eine Art Vermittlungsgebühr als Ansporn für die Vermittlung von Kunden gezahlt. Wenngleich eine solche Gebühr angebracht sein kann, erzielt sie – so glaube ich – in den meisten Situationen nicht die beste Wirkung. Nachfolgend gebe ich Ihnen ein Beispiel für ein ausgezeichnetes immaterielles Incentive-System.

Vor Jahren ging ich wegen einer Routinebehandlung zu meinem Chiropraktiker. Einige Wochen zuvor hatte ich ihn einem Freund, der einmal einen Autounfall gehabt hatte, empfohlen. Als ich das Wartezimmer betrat, bemerkte ich eine gut sichtbar angebrachte Tafel an der Wand. Darauf stand: „Bei folgenden Patienten möchten wir uns dafür bedanken, dass sie uns im vergangenen Monat neue Patienten vermittelt haben." Eigentlich war das nichts Ungewöhnliches. Auch bei meinen vorangegangenen Besuchen hatte sie schon dort gehangen. Doch diesmal stand mein Name darauf. Ich bemerkte es und war erfreut darüber, ohne weiter darüber nachzudenken – bis ich einen Monat später sah, dass mein Name verschwunden war. Ich begann sofort zu überlegen, wem ich diesen Arzt ebenfalls empfehlen könnte, damit mein Name wieder an der Wand zu lesen sein würde. Nur der Vollständigkeit halber: Ich fand tatsächlich noch jemanden, den ich an den guten Doktor verweisen konnte.

So etwas funktioniert vielleicht nicht bei jedem. Doch wenn es bei mir funktionierte, wird es auch andere Leute positiv beeinflusst haben. Dessen bin ich mir sicher. Der Trick besteht darin, durch verschiedene Incentives so viele Menschen wie möglich zu motivieren.

Zur Bedeutung von Incentives

Im vorliegenden Kontext ist ein Incentive alles, was andere Menschen dazu veranlasst, Sie potenziellen Kunden weiterzuempfehlen. Viele Ärzte in Amerika wenden die oben beschriebene Methode an. Sie funktioniert aus mindestens zwei Gründen:

1. Durch die Tafel werden Patienten regelmäßig daran erinnert, dass sie die Praxis anderen empfehlen sollen.
2. Menschen wollen Anerkennung für ihre Bemühungen.

Andere Praxen bieten kostenlose Behandlungen, wenn aus einer Empfehlung ein neuer Patient wird. Geschäftsleute verschicken als Dank für Empfehlungen beispielsweise kleine Geschenkkörbe mit Wein, Blumen oder Gutscheinen für eigene Leistungen oder für die von anderen Unternehmen der Region. Je nachdem, welches Produkt oder welche Dienstleistung Sie anbieten und in welcher Beziehung Sie zu den Menschen stehen, die Sie empfehlen, können Sie auch einen der folgenden Anreize ausprobieren:

> ➤ kostenlose Kostenvoranschläge, Muster oder Analysen
> ➤ zusätzliche kostenlose Produkte oder Dienstleistungen
> ➤ einen Nachlass auf Ihre Produkte oder Dienstleistungen
> ➤ eine Erweiterung Ihrer Produkte oder Dienstleistungen
> ➤ eine erweiterte telefonische Beratung
> ➤ erweiterte oder lebenslange Mitgliedschaften
> ➤ Exklusivmitgliedschaften
> ➤ (Gruppen-)Rabatte
> ➤ erweiterte Garantien
> ➤ Kostenvergünstigungen für Zubehör

Ein Unternehmer hat einmal ein Incentive-Programm entwickelt, bei dem ein Kunde für die Vermittlung eines neuen Kunden beim nächsten Kauf eine Ermäßigung von 500 Dollar erhalten würde. In diesem Fall bedeutete jeder neue Kunde mehrere Tausend Dollar Umsatz, so dass die 500-Dollar-Prämie ein gutes Geschäft war.

Bei der Auswahl eines Rabatts oder eines Produkts als Incentive für Empfehlungen sollten Sie sich vor Augen halten, wie teuer es wäre, einen neuen Klienten oder Kunden selbst akquirieren zu müssen. Zu diesen Kosten gehören auch die Druckkosten für Informationsunterlagen, Anzeigen, Verkaufsgespräche am Telefon, die am Telefon aufgewendete Zeit, Besprechungen, Reisen usw. Es ist leicht ersichtlich, dass Incentives für Empfehlungen fast immer preiswerter sind.

Incentives helfen Ihnen auch dabei, die Abnahme von Produkten und Dienstleistungen seitens Ihres bestehenden Kundenstamms zu erhöhen. Nochmals: Für diese Geschäfte müssen Sie viel weniger Werbungs- und Zeitaufwand betreiben.

Das Incentive-Dreiecksverhältnis

Einige findige Geschäftsleute verwenden eine Technik, die ich als „Incentive-Dreiecksverhältnis" bezeichne (vgl. Abb. 10.1). Dies ist ein überaus wirkungsvoller Weg, um die Dienste anderer zum Vorteil Ihrer eigenen Kunden, Klienten oder Patienten zu nutzen.

Das Konzept ist einfach und kann an den Bedarf und die Anforderungen jedes Unternehmens angepasst werden. Ein Einzelhändler etwa könnte mit einem anderen ortsansässigen Geschäft – zum Beispiel einem Blumenladen, einer Druckerei oder einem Haushaltswarengeschäft – vereinbaren, dass jeder einerseits den Kunden des anderen zehn oder mehr Prozent Rabatt einräumt und andererseits dem anderen eine Vermittlungsprovision in entsprechender Höhe zahlt. Danach erhält der Händler für jeden Kunden, den er dem anderen ins Geschäft schickt, das übliche Incentive plus einen Gutschein in Höhe des Rabatts. Das Gleiche gilt natürlich auch umgekehrt. Diese Art des Joint Venture kommt allen drei beteiligten Par-

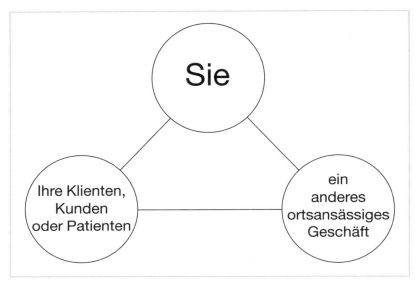

Abb. 10.1: Incentive-Dreiecksverhältnis

teien zugute – daher der Name „Incentive-Dreiecksverhältnis". Der Einzelhändler profitiert (neben seiner Provision) davon, weil er anderen einen zusätzlichen Anreiz bieten kann, ihn zu empfehlen. Das Partnergeschäft profitiert (neben der Provision), weil auch zu ihm neue Kunden auf Empfehlung kommen. Die Kunden schließlich profitieren, weil sie Produkte oder Dienstleistungen zum reduzierten Preis erhalten. Natürlich ist diese Art Incentive nicht in allen Branchen und Berufen möglich. Dort aber, wo es machbar ist, funktioniert es sehr gut.

Das richtige Incentive finden

Es spielt zunächst keine Rolle, für welche Art von Empfehlungsanreiz Sie sich entscheiden. Allein die Tatsache, dass Sie Incentives anbieten, bedeutet, dass Sie potenziell mehr Kunden durch Empfehlungen gewinnen werden. Dennoch bleibt natürlich die Frage, welche Art von

Incentive bei Ihnen am besten funktioniert. Um den richtigen Empfehlungsanreiz zu finden, sollten Sie auf die Unterstützung und Erfahrung anderer Menschen zurückgreifen. Hierzu stelle ich Ihnen im Folgenden eine erfolgversprechende Methode vor.

Laden Sie etwa zehn Leute, die Sie kennen, zu einem Treffen ein. Die Gruppe sollte sich aus Kunden (bzw. Klienten oder Patienten), Geschäftsfreunden, Partnern und privaten Freunden zusammensetzen. Diese haben nun die Aufgabe, sich geeignete Incentives auszudenken, die Sie für erfolgreiche Empfehlungen vergeben. Bieten Sie der Gruppe ein Mittag- oder Abendessen und machen Sie sich zu den wichtigsten Punkten Notizen oder zeichnen Sie die Unterhaltung auf Tonband auf. Laden Sie diejenigen ein, die bereit sind, für Sie (und natürlich für ein kostenloses Essen) etwa zwei Stunden Zeit zu investieren.

Bereiten Sie sich auf dieses Treffen rechtzeitig vor. Hierzu sollten Sie das Thema vorher selbst so weit durchdenken, dass Sie eine Vorstellung davon haben, welche Art von Incentives hinsichtlich Kosten, Dauer oder Eignung eventuell von vornherein aussscheiden. Stellen Sie alkoholfreie Getränke bereit und bieten Sie Notizblöcke, einen einleitenden Fragebogen, Muster, ein Flip-Chart und ein paar eigene Ideen an, um das Ganze in Gang zu bringen. Wenn Sie über ein Produkt sprechen wollen, sollten Sie als Ausgangspunkt für die Überlegungen der Gruppe einige Muster bereithalten.

Eröffnen Sie die eigentliche Sitzung, indem Sie präzise darlegen, worum es geht. Vergewissern Sie sich, dass die Gruppe verstanden hat, dass das Incentive Ihre Zielgruppe ansprechen muss. Sagen Sie, dass Sie möglichst viele Ideen suchen und nicht sofort eine Entscheidung treffen werden.

Brainstorming

Das Brainstorming-Verfahren wurde von Alex F. Osborn entwickelt, um im Bereich der Werbung die Entdeckung kreativer Ideen zu fördern. Im Anschluss an das Essen sollten Sie oder eine von Ihnen beauftragte Person ein solches Brainstorming durchführen. Damit die

Mitglieder der Gruppe so kreativ wie möglich sein können, müssen nach Osborn vier Grundprinzipien umfassend verstanden und befolgt werden:

Kritik ist nicht erlaubt. Die Kritik an Ideen muss bis zu einem späteren Zeitpunkt zurückgehalten werden, weil andernfalls die Gefahr besteht, dass der „Ideenfluß" ins Stocken gerät. Als ich selbst Brainstorming erstmals einsetzte, versuchten wir, jede Idee – kaum dass sie ausgesprochen war – zu bewerten, was die gesamte Sitzung in die Länge zog.

Phantasien sind willkommen. Je absurder eine Idee, desto besser. Es ist einfacher, Ideen zu „entschärfen", als sie zu entwickeln. Außerdem führen verrückte Ideen oft zu kreativen Lösungen. Ich habe beobachtet, dass die Art und Weise, in der eine Idee zum allerersten Mal präsentiert wird, bei anderen nicht immer auf Gegenliebe stößt. Mit ein paar Kniffen können jedoch Ideen, obgleich sie vom Mars zu kommen scheinen, auf den Boden der Realität zurückgebracht werden und Gestalt annehmen.

Quantität ist erwünscht. Je mehr Ideen, desto größer die Wahrscheinlichkeit, dass ein Treffer darunter ist. Fürchten Sie sich nicht davor, auf dem Flip-Chart auch die dritte oder vierte Seite vollzuschreiben. Sie brauchen mindestens zwölf Ideen, damit Sie, nachdem allen die Puste ausgegangen ist, genug zum Bearbeiten haben.

Kombinieren und verbessern ist ebenfalls gewünscht. Die Teilnehmer sollten nicht nur eigene Beiträge einbringen, sondern darüber hinaus Vorschläge machen, wie fremde Ideen verbessert oder durch Kombination verschiedener Ideen neue erzeugt werden können. Einige Ideen, die für sich allein nicht umsetzbar sind, werden in Kombination mit anderen manchmal ganz brauchbar.

Werden keine Ideen mehr produziert, sollten Sie die Liste Punkt für Punkt durchgehen und versuchen, sie auf eine überschaubare Länge zu kürzen. Denken Sie nicht über die praktische Umsetzung irgendeiner Idee nach, bevor Sie nicht alle Optionen ermittelt haben. Versuchen Sie dann gemeinsam, im Rahmen einer Diskussion festzustellen, welche der verbliebenen Ideen am erfolgreichsten sein könnten. Zum Schluss entscheiden Sie, welche Sie davon in die Praxis umsetzen werden.

Das gerade beschriebene Verfahren ist als „Fokusgruppentechnik" bekannt. Solche Gruppen werden seit vielen Jahren in der Marktforschung eingesetzt. Sie eignen sich bestens für eine Ideensammlung und für Meinungsumfragen zu vielen Marketingthemen. Falls wirklich die „Funken sprühen", können Sie am Ende der Sitzung ein weiteres Treffen vorschlagen. So kann aus einer Fokusgruppe Ihr persönlicher Beraterstab werden. Selbst wenn Sie sich nur viertel- oder halbjährlich treffen, lassen sich in solchen Zusammenkünften gut aktuelle Herausforderungen diskutieren.

Phantasievolle Incentives

Phantasie ist der Schlüssel zu jedem guten Incentive-Programm. Kürzlich traf ich in North Carolina einen Grundstücksmakler, der mir über seine Erfahrungen mit Incentives berichtete. Ungefähr sechs Jahre lang hatte er jedem, dessen Empfehlung ihm einen neuen Kunden brachte, 100 Dollar Vermittlungsprovision angeboten. Während der ganzen Zeit, so erzählte er, habe er nur etwa ein Dutzend Provisionen zahlen müssen. Dann beschrieb er, wie er sein Incentive-Programm erfolgreich verändert hatte: Aus einer 100-Dollar-Provision wurde eine besonders gute Flasche Wein. Er lebte in North Carolina auf einem großen Stück Land, das sich gut für den Anbau von Trauben eignete. So entschloss er sich, aus den Trauben seines kleinen Weinbergs einen eigenen, speziellen Wein herzustellen. Nach seiner ersten Ernte ließ er sich von einem Grafikdesigner ein wunderschönes Etikett entwerfen und klebte es auf jede Flasche. Dann erzählte er seinen Freunden, dass er seinen Wein nicht verkaufen, sondern an jeden, der ihm durch Empfehlung einen Kunden vermittelte, verschenken würde.

Nach seiner letzten Schätzung hatte er Dutzende Flaschen verschenkt, und zwar in der Hälfte der Zeit, in der er ein einziges Dutzend Provisionen ausgezahlt hatte. Und jede Flasche kostete ihn in der Herstellung weniger als 10 Dollar. Damit brachte dieser spezielle Wein ihm unendlich mehr Geld ein als die Auszahlung einer Hand voll 100-Dollar-Provisionen.

Ich glaube, dass sich Menschen gerne gegenseitig helfen. Besonders gerne möchten sie aber wissen, ob sie dabei erfolgreich sind. Wenn Sie von Ihren Kunden oder Klienten an einen Dritten empfohlen wurden und diese Person kommt tatsächlich zu Ihnen, dann sollten Sie das den Vermittler wissen lassen. Zu diesem Zweck könnte eine Unternehmensberaterin einen Strauß Blumen schicken. Der Inhaber eines Musikladens würde Konzertkarten versenden und ein Finanzberater Portemonnaies und Geldscheinklammern verschenken.

Ein mir bekannter Steuerberater bedankt sich bei Personen, die ihn erfolgreich empfehlen, mit einer Einladung zu einem Abendessen zu zweit in einem exklusiven, mindestens eine Fahrstunde entfernten Restaurant. Hiermit verankert er sich fest in den Köpfen derer, die ihm den Kunden geschickt haben: Weil die Entfernung eine gewisse Planung erfordert, können sie das Geschenk nicht sofort einlösen. Rückt dann der Tag für das geplante Essen endlich näher, werden die beiden Gäste vermutlich viel über die Einladung und auch über ihren Gastgeber, also den Steuerberater, sprechen. Was glauben Sie, wen sie empfehlen werden, wenn sie eines Tages wieder jemanden treffen, der einen Steuerberater sucht?

Incentives für Menschen in Ihrem persönlichen Umfeld

Gibt es Angestellte, Mitarbeiter, Freunde oder Verwandte, von denen Sie an andere empfohlen werden könnten? Es überrascht mich immer wieder, dass viele ausgerechnet den Menschen, mit denen sie zusammenarbeiten, keinen Anreiz dazu bieten. Vermutlich ist es am besten, verschiedenen Personengruppen unterschiedliche Incentives anzubieten. Ihren Angestellten können Sie etwas anderes geben als Ihren Netzwerkpartnern – beispielsweise Sondergratifikationen oder Urlaubstage.

Denken Sie daran: Den richtigen Anreiz zu finden ist für die meisten Menschen, die sich darauf vorbereiten, durch Empfehlungen zu punkten, die größte Herausforderung. Machen Sie es sich selbst etwas einfacher, indem Sie hierzu Personen befragen, die großes Interesse an Ihrem Erfolg haben.

Nehmen Sie sich ein paar Minuten Zeit, um den Marketingplan zur Kundengewinnung durch Empfehlungen am Ende des Buches durchzugehen und Ihr eigenes Incentive-Programm vorzubereiten. Den Menschen, die Ihnen Kunden schicken, Anerkennung zuteil werden zu lassen ist von größter geschäftlicher Bedeutung, die Sie nicht unterschätzen sollten. Gute Incentives werten Ihr Empfehlungsprogramm wesentlich auf.

Heiße Tipps und Einsichten

1. Ein Incentive ist alles, was Menschen dazu bringt, Sie anderen zu empfehlen. Ausgefallene Incentives funktionieren am besten.

2. Die Anzahl der durch Empfehlungen gewonnenen Kunden lässt sich wesentlich erhöhen, wenn Sie für die Menschen, die Sie empfehlen, einige phantasievolle Incentives entwickeln. Von allen Schlüsseltechniken des in diesem Buch beschriebenen Marketingansatzes liegt jedoch offenbar gerade hier die größte Gefahr, andere Menschen zu frustrieren.

3. Wenngleich Provisionen angemessen sein können, sind sie in den meisten Fällen nicht die beste Wahl.

4. Je nachdem, welches Produkt oder welche Dienstleistung Sie anbieten, können Sie als Incentive kostenlose Kostenvoranschläge, Muster oder Analysen, zusätzliche kostenlose Produkte oder Dienstleistungen, einen Nachlass auf Ihre Produkte oder Dienstleistungen, eine Erweiterung ihrer Produkte oder Dienstleistungen, eine erweiterte telefonische Beratung, erweiterte oder lebenslange Mitgliedschaften, Exklusivmitgliedschaften, Gruppenrabatte, erweiterte Garantien oder Kostenvergünstigungen für Zubehör oder Service anbieten.

5. Die Incentive-Dreiecksbeziehung ist ein Vorteil für Sie, weil ein anderes Geschäft hierdurch einen Anreiz hat, Sie zu empfehlen. Das andere Geschäft profitiert ebenso, weil Sie Ihre Kunden mit einer Empfehlung dorthin schicken. Ihre Kunden haben einen Nutzen, weil sie für ihre Bemühungen Anerkennung und zusätzlich Rabatte auf ein Produkt oder eine Dienstleistung erhalten.

6. Um die richtigen Incentives zu finden, sollten Sie im Rahmen einer Fokusgruppe auf die Hilfe und Erfahrungen anderer Menschen zurückgreifen.

7. Bringen Sie Ihre Fokusgruppe mithilfe eines Brainstorming dazu, sich wirksame Incentives für Ihr Geschäft auszudenken. Kritisieren Sie die dabei produzierten Ideen nicht. Fördern Sie freies Phantasieren, sammeln Sie so viele Ideen wie möglich und arbeiten Sie diese aus.

11. Der bleibende Eindruck
Sich im Gedächtnis anderer verankern

Darf ich mich vorstellen?

Das Ziel der Kundengewinnung durch Empfehlungen besteht darin, das Geschäft zu beleben. Das gelingt Ihnen nur, wenn Sie gute Kontakte zu anderen Geschäftsleuten knüpfen, die entweder selbst Ihre Dienste benötigen, Sie anderen Menschen empfehlen oder beides. Empfehlungsmarketing ist also ein Teamsport. Zu den grundlegenden Elementen dieses Prozesses gehört, sich anderen wirkungsvoll vorzustellen. Die ideale Vorstellung ist kurz und einprägsam. Sie muss eindrucksvoll genug sein, um Interesse zu wecken. Nur dann wird Ihr Gesprächspartner Ihrem „Empfehlungsteam" beitreten.

Stellen Sie sich Networking wie einen Staffellauf vor. Das Vorstellen dient dem gleichen Zweck wie die Übergabe des Stabs von einem Läufer zum nächsten. Sie ist Teamarbeit: Sie müssen Ihren Arm ausstrecken, um den Stab weiterzugeben, und umgekehrt muss der nächste Läufer nach hinten greifen, um ihn entgegenzunehmen.

Planen Sie, wie Sie sich künftig vorstellen wollen, und überlegen Sie, welche Informationen für andere Leute von Interesse sein könnten. Außerdem müssen Sie berücksichtigen, dass diese umgekehrt vielleicht auch Ihnen einige Informationen über sich selbst mitteilen wollen, die Sie an einen anderen Läufer weitergeben können. Theoretisch sind in Ihrem Staffellauf die Anzahl der Läufer und die zurückzulegende Strecke unbegrenzt.

Die Stabübergabe dauert nur einen kurzen Moment. Für einen zweiten Versuch fehlt die Zeit. Wenn der Stab nicht präzise in die geöffnete Hand des nächsten Läufers gereicht wird, fällt er hinunter. Vorstellungen können das gleiche Schicksal erleiden. Wenn das, was Sie bei Ihrer Vorstellung sagen, schlecht geplant ist, wird es nicht aufgenommen – und dann auch nicht „weitergereicht".

Verkündung der Botschaft

Ob Sie sich mehreren Personen oder einer Einzelperson vorstellen – in beiden Fällen können Sie wählen, wie Sie Ihre Botschaft übermitteln. Das primäre Transportmittel sind Worte. Dabei lautet die entscheidende Frage: Funktioniert die Art und Weise, in der Sie sich präsentieren? Wenn Sie sich bei einem Netzwerktreffen anderen bekannt machen und über Ihre Tätigkeit berichten, dann tun Sie das aus einem bestimmten Grund. Sie hegen die Hoffnung, dass Ihre Zuhörer von Ihrem Angebot Gebrauch machen und die Botschaft anderen weitererzählen werden, die Ihre Produkte oder Dienstleistungen ebenfalls brauchen und wiederum die Botschaft weiterleiten werden.

Wie Sie zweifellos wissen, beurteilen Menschen nicht nur den Inhalt einer Botschaft, sondern auch ihren Überbringer. Ihr Aussehen, Ihre Haltung, wie Sie zuhören und Gespräche beenden, hat Einfluss darauf, was andere mit der von Ihnen verkündeten Botschaft tun werden.

Wenn sich jemand, mit dem Sie einen engen oder losen Kontakt pflegen, für Sie stark macht, gelten die gleichen Gesetze. Was Sie sagen und tun, ist die Plattform für die Weitergabe Ihrer Message. Das ist wie mit der „Flüsterkette", die Sie vielleicht als Kind in der Schule gespielt haben. Daher gilt es immer wieder zu überprüfen, ob die ursprüngliche Information korrekt weitergegeben wurde. Sie müssen wissen, was Ihre Networking-Partner tatsächlich hören und verstehen. Gegebenenfalls müssen Sie dann die Art und Weise, in der Sie Ihre Botschaft verkünden, entsprechend modifizieren.

Jeder Bote kann sich einer anderen Technik bedienen und hat sicher eigene Motive für seine Teilnahme am Rennen. Für alle gilt jedoch dasselbe: Es kommt darauf an, dass der Kern einer Botschaft über die Ziellinie gelangt.

Keine Zeit für Small Talk

Ernsthafte Networker wissen, dass ihnen nur eine begrenzte Zeit zur Verfügung steht, um sich bekannt zu machen und das Wesentliche ihrer Botschaft zu übermitteln. Daher vermeiden sie in der Regel weitschweifigen Small Talk.

Wenn Sie auf der Basis von Empfehlungen Geschäfte machen wollen, müssen Sie Ihre Botschaft so überbringen, dass sie von anderen gehört wird. Nehmen Sie sich Zeit, um Ihre Vorstellung zu planen. Bereiten Sie einen prägnanten und informativen Überblick über Ihre Produkte oder Dienstleistungen vor, denn nur so können Sie anderen eine gute Beschreibung Ihres Angebots geben. Ich empfehle Ihnen, mehrere Texte vorzubereiten, auf die Sie beim Besuch von Netzwerktreffen problemlos zurückgreifen können.

Sie müssen, wenn Sie Kunden durch Empfehlungen gewinnen wollen, Ihre Botschaft so übermitteln, dass sie von anderen gehört wird.

Seien Sie stolz auf sich und auf das, was Sie tun. Als Martha Taft noch ein junges Schulmädchen war, wurde sie eines Tages gebeten, sich einer Gruppe Zuhörer vorzustellen. „Ich heiße Martha Bowers Taft", sagte das Kind, „mein Urgroßvater war Präsident der Vereinigten Staaten. Mein Großvater war Senator. Mein Vater ist Botschafter in Irland. Und ich bin ein Brownie." [*Brownie*: der Teil der *Girl Guides Association* (Vereinigung für Mädchen), dem die jüngeren Mädchen angehören – Anm. d. Übers.]

Kurzvorstellung

In verschiedenen Organisationen wird man Sie auffordern (selbst wenn Sie dort nur zu Gast sind), sich den Anwesenden vorzustellen. Dieser Bitte können Sie leichter nachkommen, wenn Sie sich für diesen Zweck verschiedene Texte zurechtgelegt haben. Einer davon sollte einen Überblick über Ihre Tätigkeit geben, andere können verschiedene Aspekte Ihres Produkts oder Ihrer Dienstleistung thematisieren. Ich empfehle Ihnen, die Texte folgendermaßen zu gliedern:

➤ Name
➤ Geschäft oder Beruf
➤ Kurzbeschreibung Ihres Geschäfts oder Ihres Berufs
➤ „Gedächtnisanker" (eine kurze Aussage, die Aufmerksamkeit erregt)
➤ Aussage zum Nutzen Ihrer Produkte oder Dienstleistungen (Was tun Sie, um anderen zu helfen?)

Es ist leicht, Angaben zum Namen oder zum Geschäft bzw. zum Beruf zu machen. Die Kurzbeschreibung, der Gedächtnisanker und die Aussage zum Nutzen können getrennt abgehandelt werden. Meistens sind sie inhaltlich jedoch miteinander verknüpft. Die Nennung Ihres Geschäfts lässt sich beispielsweise leicht mit dem Produktnutzen (oder dem Nutzen der Dienstleistung) kombinieren. Ich schlage vor, anderen etwa auf folgende Weise zu sagen, wer Sie sind und was Sie tun:

„Ich bin Finanzberater und helfe anderen bei der Planung ihrer Zukunft."

„Ich bin Werbe- und Marketingberater und helfe Firmen dabei, ihre Werbemark so nutzbringend wie möglich auszugeben."

Solche Aussagen sind wirksamer, als schlicht zu sagen: „Ich mache Finanzplanung" oder „Ich plane Werbekampagnen." Bei vielen Anlässen werden Sie nur eine oder zwei Personen vor sich haben, denen Sie sich vorstellen müssen. In einigen Netzwerkorganisationen ist es allerdings bei allen Treffen üblich, dass die Mitglieder im Kreis stehen und jeder der Anwesenden einen einminütigen Überblick über sich und seine Aktivitäten gibt. Wenn Sie Mitglied einer solchen Gruppe sind, ist es wichtig, dass Sie Ihre Präsentationen variieren.

In Netzwerkgruppen, bei denen sich alle Mitglieder bei jedem Treffen den Anwesenden vorstellen, ist es von entscheidender Bedeutung, dass Sie Ihre Präsentation variieren.

Viele Leute, die Mitglied einer sich wöchentlich treffenden Gruppe sind, sagen tendenziell immer dasselbe – jedes Mal. Mir ist aufgefallen, dass viele dieser Präsentationen wirklich sehr schlecht sind. Wenn Sie den gleichen Fehler machen, werden sich einige Zuhörer – noch während Sie sprechen – „ausblenden", weil sie Ihre Message schon mehrere Male gehört haben. Sie sollten lieber einen allgemeinen Kurzüberblick geben und sich dann für den Rest Ihrer Präsentation auf einen bestimmten Aspekt konzentrieren.

Gedächtnisanker

Gedächtnisanker sind hervorragende Instrumente für Ihre Präsentationen. Unter einem „Gedächtnisanker" verstehe ich eine Aussage, die im Rahmen Ihrer Vorstellung Ihre Arbeit so lebendig beschreibt, dass die Zuhörer sie ganz deutlich vor ihrem geistigen Auge sehen können. Durch eine solche Visualisierung Ihres Produkts oder Ihrer Dienstleistung wird der Zuhörer daran erinnert, Sie zu empfehlen, sobald er jemanden trifft, der Ihre Dienstleistung sucht.

Bei einem Treffen von *Business Network* war beispielsweise ein Verkäufer einer Telefongesellschaft anwesend. Als er mit der „60-Sekunden-Reklame" an die Reihe kam, zeichnete er in den Köpfen aller Anwesenden ein lebendiges Bild von der Art Firma, die sein Produkt benötigt. Er sagte: „Wenn Sie das nächste Mal das Büro eines anderen betreten, dann sehen Sie sich die Telefonanlage an. Hat sie dicke, fette Kabel, werde ich gebraucht." Er erklärte, dass alte Telefonanlagen dicke Kabel besäßen, während sie bei den neueren, modernen Systemen sehr dünn seien. Also hätte jeder mit fetten Kabeln im Büro eine alte, ineffiziente Telefonanlage. Er könne der entsprechenden Person oder Firma eine kostengünstige Alternative bieten. Bis heute schaue ich, wenn ich irgendein Büro betrete, immer unter den Schreibtisch der Sekretärin. Ich will sehen, ob die Telefonanlage dicke Kabel hat. (Mehr als einmal schon wurde ich von einer Sekretärin gefragt: „Dr. Misner, kann ich Ihnen helfen. Suchen Sie etwas unter meinem Schreibtisch?" Wie erklärt man einer Sekretärin, dass man unter ihrem Tisch nach fetten Kabeln fahndet?) Das ist jetzt fast zehn Jahre her und dennoch ist mir dieser Gedächtnisanker so lebendig in Erinnerung, als hätte ich ihn erst gestern gehört. Die Folge ist, dass dieser Verkäufer in der Geschäftswelt viele andere „Verkäufer" wie mich hat, die sich für ihn nach potenziellen Kunden umsehen.

Ein guter Gedächtnisanker braucht nicht witzig zu sein, aber es schadet auch nicht. Bei einem Treffen stand einmal eine Kosmetikerin auf und sagte: „Wenn Sie ein Gesicht haben, können Sie meine Produkte benutzen. Wenn Sie jemanden kennen, der ein Gesicht hat, kann er oder sie meine Produkte ebenfalls benutzen." Viele Leute erinnerten sich aufgrund dieser humorvollen Art, in der sie ihren Zielmarkt beschrieben hat, an sie. Sie fügte hinzu, dass ihre Produkte nicht nur für Frauen, sondern auch für Männer und Kinder – eben für jeden „Gesichtsbesitzer" – geeignet seien.

Ein guter Gedächtnisanker muss nicht witzig sein, aber es hilft, wenn er es ist.

Bei einem anderen Netzwerktreffen stand ein Sicherheitsberater für seinen 60-Sekunden-Beitrag auf, legte einige Sekunden Pause ein (um die Spannung zu steigern) und erklärte: „Ich habe den Verstand eines Kriminellen! Wenn Sie wollen, werde ich versuchen, in Ihr Haus einzubrechen. Dadurch kann ich Ihnen zeigen, wie ein echter Verbrecher innerhalb von Minuten in Ihr Haus eindringen kann. Aber, und das ist viel wichtiger, ich kann es verhindern." Was für eine großartige Vorstellung! Ich sah mich im Raum um und sah, dass ihm alle Anwesenden ihre ganze Aufmerksamkeit schenkten. Mit ein bisschen Dramatik hat er erfolgreich einen Gedächtnisanker geworfen.

Ein anderes Mal stand ein dicklicher Mann, Besitzer eines bekannten italienischen Restaurants, auf. Während er für alle gut sichtbar seinen Bauch herausstreckte, erklärte er: „Wie Sie sehen, bin ich eine lebende Reklame für unsere Nudeln!" Dann beschrieb er auf eine Weise, die uns allen das Wasser im Mund zusammenlaufen ließ, wie sein Restaurant nur den besten Käse, selbst gemachte Nudeln und eine wundervolle, langsam gekochte Sauce aus den frischesten Zutaten verwendete. Am Schluss wollten alle Leute das Treffen in seinem Restaurant ausklingen lassen.

140

Ein Herr verblüffte seine Gruppe, indem er fragte: „Wollten Sie immer schon einmal auf einen Verwandten schießen? Rufen Sie mich an, ich bin Fotograf und Spezialist für Schnappschüsse!"

Hier sind noch einige andere unvergessliche Gedächtnisanker, die sich im Laufe der Jahre in mir festgesetzt haben:

➢ Teppichreiniger: „Wie stehlen Schmutz aus Häusern."
➢ Chiropraktiker: „Das Leben ist wie neu geschenkt, sind erst die Wirbel eingerenkt" oder „Wir rücken Ihren Rücken zurecht."
➢ Zahnarzt: „Wir versorgen Feiglinge" oder „Meine Füllstation für Ihre Zähne befindet sich in der Innenstadt."
➢ Elektriker: „Probleme mit der Elektrik im Büro oder zu Hause? Rufen Sie uns an, denn Kurzschluss heißt Pause."
➢ Fitness-Trainer: „Worin werden Sie leben, wenn Sie Ihren Körper verschlissen haben?"
➢ Friseur: „Wenn Ihr Haar Ihnen nicht bekommt, sollten Sie zu mir kommen."
➢ Versicherungsmakler: „Wir können es versichern, wenn Sie darin fahren, darin leben oder arbeiten."
➢ Notar: „Kommen Sie mit Ihrem letzten Willen zu mir, bevor Sie zu Staub werden."
➢ Inhaber eines Geschäfts für Umstandskleidung: „Wir tragen für Sie alles – außer Ihrem Baby."
➢ Installateur: „Mit meiner Nummer im Ohr – nie ein verstopftes Rohr."
➢ Immobilienmakler: „Ich helfe Menschen dabei, nicht nur ein Haus, sondern ein Zuhause zu finden. Nicht ein Platz zum Leben, sondern ein Platz, an dem Sie das Leben lieben."
➢ Dachdecker: „Ein gut gedecktes Dach ist dicht, falsch gedeckt ist es zu licht."
➢ Psychotherapeut: „Ich habe das Benutzerhandbuch für Ihren Kopf."
➢ Verkäufer für Wasserfilter: „Entweder Sie kaufen einen Filter oder Sie sind der Filter."

Ich war immer der Überzeugung, dass solche Gedächtnisanker wie Geld auf der Bank sind. Eines Tages, vor Beginn eines Workshops, den ich für etwa 60 Geschäftsleute in Glendale, Kalifornien, durchführte, beobachtete ich, wie ein junger Zahnarzt aufstand und sich der versammelten Gruppe mit den Worten vorstellte: „Ich bin ein Zahnarzt. Ich glaube an den Zahn, den ganzen Zahn und nichts als den Zahn, so wahr mir Gott helfe." Nachdem alle mit dem Lachen aufgehört hatten, nannte er Namen und Telefonnummer und setzte sich. Ich dachte, dies sei die perfekte Gelegenheit, um meine Theorie über die bessere Erinnerung an Vorstellungen mit Gedächtnisankern im Gegensatz zu solchen ohne zu testen. Später am Morgen, als ich mit der Gruppe über die Bedeutung gut durchdachter Präsentationen sprach, bat ich deshalb alle Leute, einmal aufzustehen. Dann forderte ich sie auf, bis drei zu zählen und auf die Person zu zeigen, die an „den Zahn, den ganzen Zahn und nichts als den Zahn glaubte, so wahr ihr Gott helfe". Es überraschte mich nicht, dass alle 60 Personen ohne zu zögern auf den Zahnarzt wiesen.

Wenn Sie sich für die Vorbereitung einer guten Präsentation etwas Zeit nehmen, werden die Menschen sie beachten. Wenn nicht, verschenken Sie eine phantastische Chance an einen anderen, der genau das tut.

Machen Sie sich nicht unnötig klein

Wenngleich es wichtig ist, sich in Bezug auf das Produktangebot präzise auszudrücken, sollten Sie Ihren potenziellen Markt durch das, was Sie sagen, nicht einschränken. Ich traf einen Mann, der mir sagte, er offeriere „Incentives für Firmen, die ihre Mitarbeiter für herausragende Leistungen belohnen wollen". In Wahrheit hatte er einen ganzen Katalog voller Produkte, die von vielen Firmen sehr gern als Belohnung bzw. Leistungsanreiz verschenkt wurden. Er wäre viel erfolgreicher gewesen, wenn er sein tolles Produktspektrum als solches und die Begeisterung beschrieben hätte, die Firmen bei ihren Mitarbeitern hervorriefen, wenn sie Produkte daraus als Incentives vergaben.

Der kleinste gemeinsame Nenner

Indem Sie Ihre Produkte oder Dienstleistungen auf ihren kleinsten gemeinsamen Nenner reduzieren, können Sie anderen Menschen die Art der von Ihnen übernommenen Aufgaben am einprägsamsten beschreiben. Welches ist der Kern Ihrer Tätigkeit?

> ➤ Ist es ein spezielles Produkt oder eine besondere Dienstleistung?
> ➤ Bedienen Sie einen besonderen Ziel- oder Nischenmarkt?
> ➤ Bieten Sie einen einmaligen Nutzen für eine spezielle Zielgruppe?
> ➤ Ist es Ihre Kompetenz als Experte in der Branche?

Der Eindruck, den Sie hinterlassen, wird noch stärker sein, wenn Sie geeignete Unterlagen austeilen oder Muster zeigen, die diskutiert werden können. Je mehr die Menschen sehen, hören, fühlen und berühren können, desto wahrscheinlicher werden sie sich an Ihre Botschaft erinnern. Je besser sie sich erinnern, desto wahrscheinlicher werden sie Sie empfehlen. Der Marketingplan zur Kundengewinnung durch Empfehlungen am Ende dieses

Je mehr Dinge Menschen sehen, fühlen und anfassen können, desto wahrscheinlicher werden sie Ihre Botschaft im Gedächtnis behalten.

Buches enthält ein Arbeitsblatt, das Ihnen bei der Formulierung eines Gedächtnisankers und Ihres kleinsten gemeinsamen Nenners hilft. Falls Sie noch keine unterstützenden Informationsunterlagen besitzen, sollten Sie jetzt mit ihrer Erstellung beginnen.

Beachten Sie bei Präsentationen stets die Bedürfnisse Ihrer Zuhörer. Beschränken Sie Ihre Ausführungen auf diese Aspekte. Wenn Sie sich einem großen Auditorium kurz vorstellen müssen, sollten Sie sich auf den Teil Ihres Geschäfts konzentrieren, von dem die Zuhörer Ihrer Meinung nach am meisten profitieren. Falls Sie nur mit ein oder zwei Personen sprechen, sollten Sie auch versuchen, so viel wie möglich über sie in Erfahrung zu bringen.

Gehen Sie nicht von falschen Voraussetzungen aus

Viele Menschen begehen den verhängnisvollen Fehler, anzunehmen, dass andere viel über ihr Geschäft wüssten. Ich hörte einmal einen Floristen zu seiner Netzwerkgruppe sagen: „Ich weiß nicht, was ich Ihnen sonst noch sagen soll. Sie alle wissen, was ein Florist tut, nicht wahr?" Falsch. Wir kannten die verschiedenen Dienstleistungen und Produkte dieses speziellen Floristen nicht. Er kannte sein Geschäft und nahm an, dass jeder andere genauso gut darüber Bescheid wüsste. Später fragte ich ihn, ob sein Geschäft dem Blumenversanddienst angeschlossen sei und

Verpassen Sie keine Gelegenheit, um anderen Menschen das, was Sie tun, näher zu bringen.

➤ ob er Kreditkarten akzeptiere,
➤ ob er abhängig von der Jahreszeit Besonderheiten anbiete und wenn ja, welche,
➤ ob er kurzfristige Aufträge annähme,
➤ ob es ihm liege, den Blumenschmuck für Hochzeitsfeiern auszurichten,
➤ ob er Rabatte für bestimmte Kunden gewähre,
➤ ob ich mit ihm eine Zusendung der Rechnungen vereinbaren könne,
➤ ob er eine 0180er-Nummer habe,
➤ ob ich bei ihm auch per Fax bestellen könne,
➤ ob Rosen mit besonderer Farbe etwas Besonders aussagten,
➤ welche Art Strauß oder Blumenarrangement bei einer bestandenen Prüfung angebracht sei,
➤ ob er mir Tipps geben könne, um Blumen länger am Leben zu erhalten,
➤ welches sein interessantester Auftrag gewesen sei.

Ich sagte ihm, dass es Hunderte von Dingen gäbe, die ich über sein Geschäft nicht wüsste, und dass andere das sicher ebenso sähen. Er

144

hatte die Zeit vor der Gruppe nicht genutzt, um allen etwas über sein Angebot zu sagen. Damit hatte er eine Chance verpaßt. Es gibt in Bezug auf die eigenen Produkte oder Diensleistungen immer etwas zu sagen, das den Zuhörern neu ist. Verpassen Sie keine Gelegenheit, um anderen das, was Sie tun, näher zu bringen.

Die persönliche Vorstellung vorbereiten

Bereiten Sie Ihre Vorstellung schriftlich vor und verbessern Sie den ersten Entwurf, wenn es sein muss, ruhig mehrmals. Einen wirkungsvollen, kurzen Vorstellungstext mit starkem Gedächtnisanker vorzubereiten macht im Allgemeinen sehr viel Arbeit.

Stellen Sie sich mit dieser Präsentation dann probeweise jemandem vor, den Sie kennen, bevor Sie sie bei Ihrem nächsten Netzwerktreffen einsetzen. Wenn Ihre „Testhörer" verstehen, was Sie anbieten, und ihnen außerdem gefällt, wie Sie es präsentieren, dann sind Sie bereit für eine größere Arena.

Ihre positive Botschaft können Sie nicht wirksam übermitteln, wenn Sie Ihre Vorstellung nicht vorbereiten und in den Netzwerken, in denen Sie tätig sind, üben.

Heiße Tipps und Einsichten

1. Die ideale Vorstellung ist kurz und einprägsam. Sie muss eindrucksvoll genug sein, um das Interesse Ihrer Zuhörer zu wecken.

2. Was Sie sagen und tun, ist Ausgangspunkt für die Vervielfältigung Ihrer Message. Sie müssen regelmäßig überprüfen, ob Ihre ursprüngliche Botschaft korrekt weitergegeben wird.

3. Wenn Sie ein hervorragender Networker werden wollen, dann müssen Sie aus Ihren ersten 60 Sekunden das Beste machen. Nehmen Sie sich Zeit, um zu planen, wie Sie sich anderen Menschen vorstellen wollen. Formulieren Sie kurze, aussagefähige Übersichten über Ihre Produkte oder Dienstleistungen.

4. Der empfohlene Aufbau Ihrer Vorstellungstexte: Name, Name Ihrer Firma oder Ihr Beruf, eine Kurzbeschreibung Ihres Geschäfts oder Ihres Berufs, ein Gedächtnisanker und zuletzt eine Aussage zum Nutzen.

5. Erstellen Sie mehrere Texte, auf die Sie beim Besuch von Netzwerktreffen problemlos zurückgreifen können.

6. Verwenden Sie Gedächtnisanker, um die Wahrscheinlichkeit, dass andere Leute sich an Ihre Tätigkeit erinnern, zu erhöhen. Ein guter Gedächtnisanker braucht nicht witzig zu sein. Es hilft allerdings, wenn er es ist.

7. Je mehr Menschen etwas von Ihrem Angebot sehen, hören, fühlen und anfassen können, desto wahrscheinlicher werden sie sich an ihre Botschaft erinnern. Je besser sie sich erinnern, desto wahrscheinlicher werden sie Sie anderen empfehlen.

8. Nehmen Sie sich Zeit, um die Beschreibung Ihres Produkts oder Ihrer Dienstleistung auf den kleinsten gemeinsamen Nenner zu bringen: spezielle Produkte, Zielmärkte, ein außergewöhnlicher Nutzen usw.

9. Es gibt immer etwas Neues, das man seinen Zuhörern über die angebotenen Produkte oder Dienstleistungen mitteilen kann. Verpassen Sie keine Chance, anderen das, was Sie tun, näher zu bringen.

10. Tragen Sie Ihre Vorstellung einer Ihnen bekannten Person vor, bevor Sie zum nächsten Netzwerktreffen gehen.

12. Kontakttreffen bewältigen
Die zehn Gebote

Lose Kontakte bestmöglich nutzen

Die Grundlage für die Gewinnung von Neukunden sind Kontakte, aus denen sich schließlich Beziehungen entwickeln. Netzwerkneulinge fragen mich immer wieder: „Was kann ich tun, um bei Netzwerktreffen mehr Leute kennen zu lernen und bessere Kontakte zu knüpfen?" Wegen der Häufigkeit, mit der mir diese wichtige Frage gestellt wurde, habe ich die *Zehn Gebote für Kontakttreffen* zusammengestellt. Sie funktionieren für Versammlungen der Handelskammer ebenso gut wie für den Tag der offenen Tür eines Unternehmens.

Zehn Gebote für „Kontakttreffen"

1. Führen Sie stets Ihre „Networking-Ausrüstung" mit sich.
2. Setzen Sie sich ein Ziel: Wie viele Personen wollen Sie heute kennen lernen?
3. Verhalten Sie sich wie ein Gastgeber – nicht wie ein Gast.
4. Hören Sie anderen aufmerksam zu und stellen Sie ihnen die fünf W-Fragen: Wer, Was, Wo, Wann und Warum.
5. Empfehlen Sie andere, wann immer sich Ihnen hierzu eine Gelegenheit bietet.
6. Beschreiben Sie Ihr Produkt oder Ihre Dienstleistung in nicht mehr als 60 Sekunden.
7. Tauschen Sie mit den Leuten, die Sie kennen lernen, Visitenkarten aus.
8. Verbringen Sie mit jeder Person, die Sie kennen lernen, höchstens zehn Minuten.
9. Machen Sie sich auf der Rückseite der gesammelten Visitenkarten Notizen.
10. Bleiben Sie mit den Personen, die Sie kennen lernen, weiterhin in Kontakt.

Ihrem Wesen nach lassen sich auf Veranstaltungen, die dem gegenseitigen Kennenlernen dienen – „Kontakttreffen" –, eher lose Kontakte
knüpfen. Hierzu benötigen Sie andere Techniken als für Netzwerktreffen, Service-Clubs oder Versammlungen von Berufsverbänden,
bei denen enge Kontakte gepflegt werden.

Erstes Gebot: Führen Sie stets Ihre „Networking-Ausrüstung" mit sich

Das erste der zehn Gebote lautet: Sie müssen Ihre Networking-Ausrüstung stets bei sich haben. Fast jeder Beruf erfordert spezifische
Werkzeuge. Zum Rüstzeug eines guten Networkers gehören ein aussagefähiges Namensschild, viele eigene Visitenkarten, Firmenbroschüren und eine Sammelmappe im Taschenformat für die Visitenkarten derjenigen, die Sie empfehlen wollen.

Als erfolgreicher Networker müssen Sie sich ein professionelles Na-
mensschild zulegen. Darauf muss Ihr Name und der Ihrer Firma bzw.
Ihre Berufsbezeichnung stehen. Als Faustregel gilt: Nehmen Sie den
Namen Ihrer Firma, wenn er Ihren Beruf beschreibt.

Zum Beispiel:

> Peter Anders
> *Schnelldruck*
> Druckerei & Kopierservice

Schreiben Sie Ihren Beruf auf das Namensschild, wenn Ihr Beruf
durch den Namen Ihrer Firma nicht eindeutig beschrieben wird (wie
beispielsweise bei Beratungsfirmen):

> Marianne Krall
> *Werbe- und Marketingberaterin*

Es gibt heute Namensschilder, in die man nur seine Visitenkarte hineinschieben muss, und – voilà! – schon ist alles fertig. Diese Namensschilder sind toll, denn Sie tragen mit Ihrer Visitenkarte auch Ihr Logo und alles andere am Jackenaufschlag – sofern die Schrift auf Ihrer Karte für Personen, die ein paar Meter von Ihnen entfernt stehen, noch lesbar ist.

Da sich Menschen zur Begrüßung die rechte Hand reichen, empfehlen viele Leute, das Namensschild der besseren Lesbarkeit wegen rechts zu tragen. Das klingt plausibel. Aber wenn Sie so dicht vor jemandem stehen, spielt es keine so große Rolle mehr, auf welcher Seite Sie das Schild befestigen.

Schauen Sie auf allen Namensschildern immer nach dem Beruf. Es ist leichter, ein Gespräch in Gang zu bringen, wenn Sie den Beruf Ihres Gesprächspartners oder den Namen seiner Firma kennen. Dann können Sie ihn einfach danach befragen. Tragen Sie stets viele Visitenkarten bei sich. Ich bewahre gern einige in meinem Portemonnaie, in meiner Briefmappe, im Kalender und im Auto auf, so dass sie mir nie ausgehen. Außerdem habe ich in den Jackentaschen sämtlicher Anzüge kleine Visitenkartenetuis aus Metall.

Zweites Gebot: Setzen Sie sich ein Ziel: Wie viele Personen wollen Sie heute kennen lernen?

Um eine Netzwerkveranstaltung bestmöglich zu nutzen, sollten Sie sich ein Ziel setzen: Wie viele Kontakte wollen Sie knüpfen oder wie viele Visitenkarten wollen Sie heute sammeln? Gehen Sie nicht weg, bevor Sie dieses Ziel erreicht haben.

Wenn Sie sehr motiviert sind, können Sie sich vornehmen, 15 bis 20 Personen kennen zu lernen. Achten Sie darauf, dass Sie dann wirklich von allen Gesprächspartnern Visitenkarten erhalten. Wenn Sie einmal nicht so ehrgeizig sind, können Sie sich weniger vornehmen. Setzen Sie sich jedoch in jedem Fall ein in Bezug auf Besucherzahl und Zusammensetzung der Gruppe erreichbares Ziel.

Drittes Gebot: Verhalten Sie sich wie ein Gastgeber – nicht wie ein Gast

In ihrem Buch *Skills for Success* schreibt Dr. Adele Scheele über eine Party, auf der sie jemanden traf, der sich Fremden ungern vorstellte. Dr. Scheele schlug ihm vor, sich für den Abend ein anderes Szenario vorzustellen: Er sei nicht Gast, sondern Gastgeber. Sie fragte ihn, ob er sich in diesem Fall Personen, die er nicht kennt, vorstellen und sie untereinander bekannt machen würde. Würde er ihnen zeigen, wo es etwas zu essen und zu trinken gab? Würde er darauf achten, dass die Unterhaltung nicht einschlief? Würde er neue Leute in Grüppchen einführen, die sich bereits gebildet hatten?

Scheeles neuer Bekannter erkannte den offenkundigen Unterschied zwischen der aktiven Rolle eines Gastgebers und der passiven Rolle des Gastes. Von einem Gastgeber wird erwartet, dass er etwas für andere tut, während ein Gast sich zurücklehnt und sich entspannt. Scheele endet: „Von da an gab es nichts, das diesen Mann davon abgehalten hätte, die Rolle des Gastgebers auch dann zu übernehmen, wenn er selbst nicht Gastgeber war." Auch Sie hindert nichts daran, in einer größeren Gruppe von Menschen viel aktiver zu sein.

Daher empfehle ich Ihnen Folgendes: Melden Sie sich in den Netzwerkgruppen, denen Sie angehören, freiwillig dazu, Besucher zu begrüßen und sie miteinander bekannt zu machen. Wenn Sie sehen, dass jemand allein herumsitzt, gehen Sie zu ihm, stellen Sie sich ihm vor und fragen Sie ihn, ob er die anderen Mitglieder gerne kennen lernen möchte. Wenn Sie viele Besucher begrüßen müssen, sollten Sie ein anderes Mitglied bitten, Ihnen behilflich zu sein, so dass Sie selbst wieder Zeit haben, andere Gäste zu begrüßen. Mit der Zeit entwickeln Sie durch diese Methode hervorragende Netzwerkfertigkeiten und lernen in kurzer Zeit viele Geschäftsleute kennen.

Millionäre, die es aus eigener Kraft geschafft haben, unterscheiden sich – nach Thomas Stanley, Marketing-Professor an der Georgia State Universität – von anderen dadurch, dass sie überall Kontakte knüpfen. Und was noch wichtiger ist: Sie tun es immer – bei Konferenzen, im Fitness-Club, auf dem Golfplatz oder mit ihrem Sitznachbarn im Flugzeug. Das allein sollte Sie motivieren, Situationen zu suchen, in denen Sie Menschen kennen lernen können.

Setzen Sie sich bei geschäftlichen Besprechungen zwischen Fremde oder beginnen Sie ein Gespräch mit den Leuten im Whirlpool. Freunden Sie sich auch dann mit anderen an, wenn Sie es nicht nötig haben.

Viertes Gebot: Hören Sie anderen aufmerksam zu und stellen Sie die fünf W-Fragen: Wer, Was, Wo, Wann und Warum?

Zeigen Sie, wie Dale Carnegie rät, echtes Interesse am Geschäft des anderen. Ein hervorragender Networker hat zwei Ohren und einen Mund und nutzt beides entsprechend. Wenn ich den Inhaber einer Druckerei treffe, frage ich ihn: „Worauf haben Sie sich spezialisiert? Geschäftsausstattungen? Vierfarbdruck? Schnelldruck? Kopierservice? Wo befindet sich Ihr Geschäft? Seit wann führen Sie es?"

Die Antworten auf all diese Fragen eröffnen mir einen besseren Zugang zur betreffenden Person und ihrer Tätigkeit. Damit kann ich sie anderen leichter empfehlen oder zu anderen Netzwerkgruppen einladen.

Fünftes Gebot: Empfehlen Sie andere so oft wie möglich

Hervorragende Networker unterstützen die Philosophie, dass Geben seliger denn Nehmen ist. Wenn Sie anderen nicht wirklich helfen wollen, dann sind Sie kein echter Networker. Sie müssen in diesem Bereich kreativ sein.

Nur wenige Menschen, die Sie auf einem Kontakttreffen kennen lernen, werden Ihnen direkt sagen, dass sie Ihr Produkt oder Ihre

Dienstleistung benötigen. Das heißt nicht, dass Sie ihnen nun nichts mehr zu sagen hätten. Bieten Sie ihnen – sofern Sie ihnen nicht echte potenzielle Kunden vermitteln können – Informationen an, die für sie interessant sein könnten. Erzählen Sie ihnen von der ausgezeichneten Agentur, die ihnen Referenten für Gastvorträge vermitteln könnte, von einer demnächst stattfindenden Veranstaltung für Geschäftsleute oder informieren Sie sie über die Netzwerke, in denen Sie Mitglied sind. Seien Sie keine „Schlafmütze". Bleiben Sie in Ihren Netzwerkgruppen wach und aktiv.

Wenn Sie hart daran arbeiten, Ihre Networking-Fertigkeiten zu verbessern, werden die Menschen Sie positiv in Erinnerung behalten. Zudem werden Sie Ihre Kontaktsphäre erweitern. Wie bereits an früherer Stelle besprochen, werden aus losen Bekanntschaften oft enge Freundschaften.

Je größer Ihr Netzwerk, desto größer Ihre Chancen, Ressourcen nutzen zu können, zu denen Sie sonst keinen Zugang gehabt hätten. Am wichtigsten ist aber, dass sich zusammen mit diesem Wachstum auch Ihr Bekanntheitsgrad erhöht, sich mehr geschäftliche Chancen bieten und Sie neue Kunden gewinnen.

Sechstes Gebot: Beschreiben Sie Ihr Produkt oder Ihre Dienstleistung in nicht mehr als 60 Sekunden

Sie haben nun erfahren, welche Tätigkeiten bzw. Berufe Ihre Gesprächspartner ausüben. Nun müssen auch Sie erzählen, was Sie tun. Drücken Sie sich präzise, aber kurz aus. Benutzen Sie dabei Gedächtnisanker oder kleinste gemeinsame Nenner. Was immer Sie tun, gehen Sie nicht davon aus, dass andere Ihr Geschäft kennen. Erklären Sie es ihnen, wenn sie sich interessiert zeigen.

Siebtes Gebot: Tauschen Sie mit den Leuten, die Sie kennen lernen, Visitenkarten aus

Bitten Sie die Person, die Sie gerade kennen gelernt haben, um zwei Visitenkarten: eine, um sie anderen weiterzugeben, und eine für sich selbst. Damit hebt sich auf der Networking-Bühne der Vorhang. Bewahren Sie Ihre eigenen Visitenkarten und die Karten anderer in getrennten Jackentaschen auf. So geraten Sie nicht in die Situation, nach den eigenen Visitenkarten herumsuchen zu müssen und dabei versehentlich eine fremde Karte weiterzugeben. Was tun Sie mit den Karten, die Sie auf den verschiedenen Netzwerkveranstaltungen erhalten haben? Richtig benutzt, können sie Ihnen helfen, sich an Menschen zu erinnern, Kontakte zu pflegen, Chancen zu entdecken und sich Zugang zu Informationen und Ressourcen zu verschaffen.

Sehen Sie die Karten stets auf zweckdienliche Informationen durch. Es ist nicht immer leicht, nur mittels Titel oder Firmenname die Tätigkeit des anderen herauszufinden. Fragen Sie Ihre Gesprächspartner daher beispielsweise, ob die von ihnen vertriebenen Produkte und Dienstleistungen vielleicht irgendwo gelistet sind. Falls Sie gerade die Karte eines Rechtsanwalts erhalten haben: Enthält sie Hinweise auf ein Spezialgebiet? Schreiben Sie, um Ihr Interesse zu demonstrieren, diese ergänzenden Informationen im Beisein des anderen auf die Rückseite der Karte.

Achtes Gebot: Verbringen Sie mit jeder Person, die Sie kennen lernen, höchstens zehn Minuten

Erinnern Sie sich an das zweite Gebot: Wenn Sie das Ziel haben, eine bestimmte Anzahl von Personen kennen zu lernen, dann können Sie mit niemandem allzuviel Zeit verbringen, wie interessant sich die Unterhaltung auch immer entwickeln mag. Konzentrieren Sie sich auch weiterhin darauf, so viele Kontakte wie möglich zu knüpfen. Wenn Sie sehr interessante Menschen kennen lernen, mit denen Sie gerne mehr Zeit verbringen möchten, sollten Sie sich mit ihnen verabreden. Um die Unterhaltung fortzusetzen, bleibt Ihnen immer die Möglichkeit, sich zu einem späteren Zeitpunkt nochmals zu treffen.

Versuchen Sie erst gar nicht, bei der ersten Kontaktaufnahme ins Geschäft zu kommen. Das ist unklug. Vereinbaren Sie ein Treffen und diskutieren Sie Ihr Produkt oder Ihre Dienstleistung in einer Umgebung, die konkreten geschäftlichen Interessen dienlicher ist. Wenn Sie sich die Zeit nehmen, um die Bedürfnisse anderer umfassend zu verstehen, können Sie vielleicht mehr wirklich Interessierte für sich einnehmen.

Lernen Sie, Unterhaltungen elegant zu beenden. Ehrlichkeit ist im Allgemeinen die beste Strategie. Sie können Ihren Gesprächspartnern beispielsweise sagen, dass Sie noch einige andere Leute kennen lernen müssen. Sie können auch weggehen, um die Vorspeisen zu probieren oder um sich ein neues Getränk zu holen. Falls Sie sich dabei unwohl fühlen, können Sie sich wie ein Gastgeber verhalten: Machen Sie Ihren Gesprächspartner mit jemandem bekannt, den Sie bereits kennen. Oder Sie bitten Ihre Gesprächspartner gegebenenfalls darum – und das ist noch besser –, Sie anderen Leuten vorzustellen.

Hängen Sie vor allem nicht bei Freunden und Geschäftspartnern herum! Diese Leute kennen Sie bereits. Ich habe einmal bei einem Kontakttreffen einige Geschäftsleute zwei Stunden lang miteinander im Gespräch vertieft gesehen. Und dann beschwerte sich einer von ihnen hinterher: „Das war reine Zeitverschwendung. Ich habe hier keine geschäftlich interessanten Kontakte knüpfen können!" Das ist kein Scherz.

Neuntes Gebot: Machen Sie sich auf der Rückseite der gesammelten Visitenkarten Notizen

Hierdurch können Sie sich an die entsprechende Person besser erinnern, wenn Sie am nächsten Tag die Kontakte nachbereiten. Wenn ich ein Kontakttreffen besuche, versuche ich stets, möglichst viele Menschen kennen zu lernen. Zwei Stunden und 20 Personen – später kann ich sie nicht mehr auseinander halten. Deshalb habe ich immer einen Stift bei mir. Nach Beendigung einer Unterhaltung stelle ich mich etwas abseits und notiere mir einige Stichpunkte. Hierzu gehören auch Datum und Ort der Veranstaltung. Diese Informationen sind für eine wirksame Nachbereitung von entscheidender Bedeutung. Sie werden noch wichtiger, je mehr beschäftigt Sie sind. Gegebenenfalls notiere ich mir auch die Wünsche des Betreffenden, wie zum Beispiel

➤ „... will Business Network besuchen",
➤ „... sucht gute Druckerei",
➤ „... sein Freund zieht weg von hier und braucht einen Immobilienmakler" oder vor allem:
➤ „... will sich mit mir verabreden, am Dienstag anrufen".

Wenn der Betreffende keinen besonderen Bedarf äußert, kann ich vielleicht etwas notieren, das ich während des Gesprächs erfahren habe. Hierzu gehören Dinge, die mit seinem Verantwortungsbereich zu tun haben, Kontakte, Interessen oder Hobbys. Hier einige Beispiele:

➤ „... reist gerne mit Rucksack"
➤ „... kennt Reinhard Müller aus München"
➤ „... ist verantwortlich für zehn Mitarbeiter"

Schreiben Sie alles auf, was Ihrer Meinung nach nützlich sein könnte, um sich an den Betreffenden besser zu erinnern. Wie Sie im zehnten Gebot sehen können, ist Ihr Nachfassen umso erfolgreicher, je mehr Sie über die jeweilige Person wissen.

Zehntes Gebot: Bleiben Sie mit den Personen, die sie kennen lernen, weiterhin in Kontakt

Ich habe viele Menschen gesehen, die zahllose Stunden bei Netzwerkorganisationen verbrachten und dennoch keine erfolgreichen

Beziehungen aufgebaut haben. Das lag daran, dass sie ihre Kontakte erschreckend schlecht nachbereiteten. Sie dürfen nicht vergessen, dass eine gute Nachbereitung das Lebenselixier jeder Netzwerkarbeit ist. Sie können die vorangegangenen neun Gebote fromm befolgen. Wenn Sie jedoch Ihre Kontakte nicht vernünftig nachbereiten, verschwenden Sie Ihre Zeit.

Wann immer Sie jemandem versprechen, sich bei ihm zu melden, müssen Sie es tun. Auch wenn Sie es nicht versprochen haben – rufen Sie an oder schreiben Sie einen Brief. Wenn Sie wirksam nachfassen, kann Networking Ihnen Macht verschaffen.

Machen Sie sich von den zehn Geboten eine Kopie und bewahren Sie diese in Ihrem Terminkalender, Ihrer Brieftasche oder Ihrem Portemonnaie auf. Lesen Sie sie nochmals durch, bevor Sie das nächste Mal zu einem Kontakttreffen gehen.

Dieses Kapitel ist das Kernstück der Strategie zur wirksamen Übermittlung Ihrer positiven Botschaft. Um Kunden durch Empfehlungen zu gewinnen, müssen Sie aus Ihrer Höhle herauskommen und den Schulterschluss mit anderen Geschäftsleuten suchen. Die zehn Gebote helfen Ihnen beim nächsten Meeting.

Heiße Tipps und Einsichten

1. Kaufen Sie sich ein professionelles Namensschild und tragen Sie immer viele Visitenkarten bei sich.

2. Setzen Sie sich ein Ziel: Wie viele Kontakte wollen Sie knüpfen oder wie viele Visitenkarten möchten Sie sammeln? Nur so können Sie aus einer Veranstaltung, die dem gegenseitigen Kennenlernen dient, größtmöglichen Nutzen ziehen. Gehen Sie nicht weg, bevor Sie Ihr Ziel erreicht haben.

3. Verhalten Sie sich wie ein Gastgeber, nicht wie ein Gast. Nichts hindert Sie daran, sich in Gegenwart vieler Menschen viel aktiver zu verhalten. Melden Sie sich freiwillig dazu, in den Netzwerkgruppen, denen Sie angehören, die Begrüßung der Besucher zu übernehmen.

4. Befragen Sie Ihren Gesprächspartner nach seinem Beruf bzw. seiner Tätigkeit.

5. Bieten Sie jemandem, dem Sie keinen potenziellen Kunden vermitteln können, andere interessante Informationen an.

6. Nachdem Sie herausgefunden haben, was ein anderer beruflich tut, müssen Sie ihm unbedingt auch Ihre Tätigkeit beschreiben. Formulieren Sie dabei präzise und kurz.

7. Tauschen Sie mit den Leuten, die Sie kennen lernen, Visitenkarten aus.

8. Konzentrieren Sie sich im Verlauf der gesamten Veranstaltung darauf, so viele Kontakte wie möglich zu knüpfen. Hängen Sie nicht mit Freunden oder Geschäftspartnern herum! Versuchen Sie nicht, bereits während der ersten Kontaktaufnahme ins Geschäft zu kommen. Das wäre unklug.

9. Notieren Sie sich Wichtiges auf den gesammelten Visitenkarten. Eine gute Nachbereitung ist das Lebenselixier für erfolgreiches Networking. Wenn Sie jemandem versprochen haben, sich bei ihm zu melden, dann tun Sie es auch.

13. Gastgeber eines Kontakttreffens
Der richtige Dreh für eine gelungene Veranstaltung

Anatomie eines gelungenen Kontakttreffens für Geschäftsleute

Wenn Ihr Büro groß genug ist, dann ist die Ausrichtung eines Kontakttreffens in Ihren eigenen Räumen eine hervorragende Möglichkeit, den Bekanntheitsgrad Ihres Unternehmens zu erhöhen. Es ist zwar ein mutiger Schritt, aber ich empfehle Ihnen, einer Ihrer Netzwerkgruppen ein Treffen in Ihren Firmenräumen anzubieten. Weil viele Institutionen ihre Mitglieder sogar um einen kleinen Beitrag für das Essen bitten, kostet Sie die Ausrichtung vielleicht nicht einmal sehr viel. Doch selbst wenn das nicht der Fall ist – Dutzende von Leuten in Ihrem Büro zu haben ist im Allgemeinen die Ausgabe wert.

Wir wollen uns einmal ansehen, worauf es bei der Organisation eines erfolgreichen Kontakttreffens ankommt. Planen Sie das Treffen mindestens acht Wochen im Voraus. Da Ihr Ziel darin besteht, neue Kontakte zu knüpfen, sollten Sie so viele Personen wie möglich einladen. Kündigen Sie das Ereignis an und sorgen Sie dafür, dass es von Ihrer Netzwerkgruppe aktiv unterstützt wird.

Auch wenn es Geld kostet: Wenn Dutzende Menschen in Ihr Büro kommen, ist das im Allgemeinen die Ausgabe wert.

Achten Sie darauf, dass die Mitglieder Ihrer Gruppe sich das Datum vormerken und damit beginnen, andere Gäste einzuladen. Bringen Sie andere Leute dazu (Sie selbst eingeschlossen), Begrüßungsgeschenke zu stiften.

Sie müssen möglichst genau wissen, wer kommen wird, und brauchen frühzeitig Zusagen. Lassen Sie Ihre Einladungen rechtzeitig drucken und bitten Sie um Antwort. Sagen Sie Ihren Gästen, dass es bei der Veranstaltung einen Tisch für Unterlagen geben wird, und schlagen Sie ihnen vor, Informationsmaterial über ihre Produkte oder Dienstleistungen mitzubringen. Für diesen Zweck sollten Sie ein oder zwei große Tische vorsehen.

Beauftragen Sie mehrere Personen damit, die Gäste bei ihrer Ankunft zu begrüßen. Achten Sie darauf, dass die Ankommenden ihre Namensschilder vollständig ausfüllen (Name und Firma bzw. Beruf). Stellen Sie nur wenige Stühle bereit, so dass die Anwesenden herumgehen müssen und nicht sitzen können.

Führen Sie ein oder zwei kurze „Networking-Übungen" durch. Veranlassen Sie beispielsweise, dass sich jeder Gast drei ihm unbekannten Personen vorstellen oder jemanden finden muss, der in einer ähnlichen Branche wie er selbst arbeitet. Fragen Sie dann nach, mit welcher Methode er am erfolgreichsten war. Es kommt darauf an, dass alle Gäste miteinander Kontakt aufnehmen und sich gegenseitig kennen lernen können. Durch solche Aktivitäten darf und muss jeder genau das tun. Es wird wahrscheinlich immer Menschen geben, die nicht mitmachen wollen. Kündigen Sie ihnen scherzhaft an, dass an der Tür jemand namens „Bruno" steht, der jeden, der gehen will, dahingehend überprüft, ob er Visitenkarten von anderen gesammelt hat. Wenn Sie darüber hinaus etwas ankündigen müssen, sollten Sie sich kurz fassen. Es ist ein Kontakttreffen, kein Geschäftstermin.

Ideen zur Belebung der Veranstaltung

Sie können viel tun, damit ein solches Treffen unterhaltsam und erfolgreich zugleich ist. Eine Idee: Sie stellen alles unter das Motto „Lernen Sie Ihr (geschäftliches) Pendant kennen!" Hierbei trennen Sie bestimmte Bereiche des Raums für spezielle Branchen wie Gesundheitswesen, Immobilien, Finanzen, Unternehmensberatung, Marketing/Werbung, Kunst, Mode, Computertechnik usw. ab. Bestimmen Sie für jeden Bereich jemanden, der dort die Gespräche in Gang bringt. Die einzelnen Sektionen könnten dann von Personen aufgesucht werden, die

➤ mehr über Themen aus den entsprechenden Branchen erfahren
   möchten,
➤ Bedarf an Leistungen der einzelnen Berufe oder Tätigkeiten haben oder
➤ mit anderen Vertretern ihrer eigenen Branche sprechen möchten.

Sie können auch Visitenkarten mit dem Namen einer Person eines
berühmten Duos aus dem Hut ziehen lassen. Wenn ich zum Beispiel
„Simon" gezogen hätte, dann bestünde mein Ziel darin, so lange andere Personen kennen zu lernen, bis ich auf „Garfunkel" treffen
würde. Andere Kombinationen wären:

➤ Minnie und Mickey
➤ John Lennon und Paul McCartney
➤ Marx und Lenin
➤ Boris und Natascha
➤ Salz und Pfeffer
➤ Napoleon und Joséphine
➤ Tristan und Isolde
➤ Tom und Jerry
➤ Bonny und Clyde
➤ Romeo und Julia
➤ Cäsar und Kleopatra
➤ Bill und Hillary

Durch diese Übung kommen Menschen schnell miteinander ins Gespräch. Ein letzter Vorschlag: Händigen Sie ein Blatt mit der Anleitung für „Networking-Aerobic" aus. Sie finden sie in Abbildung 13.1.
Auch dies bringt die Leute dazu, miteinander Kontakt aufzunehmen.
Ich habe diese Übungen einmal aus Spaß aufgeschrieben. Die Bedeutung der aufgeführten Themen sollte jedoch nicht unterschätzt werden. Von Ihrem Sofa aus können Sie kein erfolgreiches Netzwerk aufbauen. Manchmal werden Sie keine Lust haben, Netzwerktreffen zu
besuchen. Mit Ihrer Anwesenheit bei diesen Veranstaltungen rufen
Sie sich und Ihre Tätigkeit jedoch bei anderen in Erinnerung. Wenn
Sie die Treffen nicht mehr besuchen, wird man Sie vergessen und sich

„Networking-Aerobic"

Networking ist wie Sporttreiben. Wenn Sie es nicht regelmäßig tun, bilden sich die Muskeln wieder zurück. Hier sind einige Übungen mit Hintergedanken, die Ihre „Networking-Fertigkeiten" auffrischen:

Gewichtheben: Heben Sie ein Gewicht (Ihren Körper) aus dem Bett oder vom Sofa herunter und besuchen Sie regelmäßig Ihre Netzwerktreffen.

Hindernislauf: Überwinden Sie Ihre Angst davor, sich anderen vorstellen zu müssen. Jeder von uns muss manchmal hohe Hindernisse überwinden. Der beste Ansatz besteht darin, einfach ins kalte Wasser zu springen.

Bodenturnen: Verschaffen Sie sich mit Anmut und Präzision Zugang zu einer Gruppe von Menschen und verlassen Sie sie ebenso. Zeigen Sie dabei jedem, wie hervorragendes Networking funktioniert.

Staffellauf: Bei diesem Teil eines Meetings benutzen Sie Ihre Visitenkarte als Stab, der von einem zum anderen weitergereicht werden muss.

Walking: Heben Sie bei Netzwerktreffen Ihre Beine leicht an und gehen Sie herum. Sie dürfen nicht länger als einige Minuten ruhig stehenbleiben.

Aufstehen: Dies ist eine wichtige Übung beim Networking-Aerobic, bei der Sie Ihr Gesäß anheben und sich unter die Anwesenden mischen müssen.

Spagat: Bei dieser Übung dürfen Sie auf Netzwerkveranstaltungen, bei denen Sie für einige Zeit Platz nehmen müssen, nicht zwischen zwei Ihnen bereits bekannten Personen sitzen.

Armstrecken: Strecken Sie Ihren Arm aus, drücken Sie etwas „Festes" (Händeschütteln) und machen Sie sich bekannt.

Lockern des Kiefers: Dies folgt unmittelbar auf das Armstrecken – teilen Sie anderen mit, wer Sie sind und was Sie tun.

Greifen und Tragen: Nachdem Sie mit jemandem gesprochen haben, ergreifen Sie seine Visitenkarte und tragen alle gesammelten Visitenkarten nach Hause.

Armbeugen: Dies ist die wichtigste aller Übungen. Nehmen Sie einige Tage nach dem Kontakttreffen den Hörer in die Hand, drehen Sie ihn in Ihre Richtung und beugen Sie Ihren Arm so, dass er Ihr Ohr erreicht. Rufen Sie dann die Person an, die Sie kürzlich getroffen haben.

Abb. 13.1: Anleitung für Networking-Aerobic

anderen zuwenden – oftmals Personen, die man kürzlich bei einem Treffen, das Sie eigentlich hätten besuchen sollen, kennen gelernt hat.

Visitenkarten-Bingo

Es gibt noch eine andere wirksame Technik, mit der Sie Menschen dazu bringen können, aufeinander zuzugehen und Kontakt aufzunehmen: das „Visitenkarten-Bingo" (vgl. Abb. 13.2). Zunächst werfen alle Anwesenden – auch Sie – Ihre Visitenkarte in die „Bingobox". Dann erhält jeder eine „Bingokarte" und schreibt seinen Namen in das mittlere Kästchen.

Danach gehen alle im Raum herum. Um die Bingokarte zu vervollständigen, begrüßt jeder Teilnehmer 24 andere Personen, sammelt ihre Visitenkarten ein und bittet sie, ihren Namen in die leeren Kästchen auf der Karte einzutragen. Dann werden die Namen der Visitenkarten aus der Box aufgerufen (oder noch besser: auf einem großen Flip-Chart aufgelistet, so dass jeder die Kontaktaufnahme fortsetzen kann). Ab jetzt gelten die normalen Bingoregeln. Es gewinnt, wer zuerst fünf Namen in einer Reihe hat, entweder von oben nach unten, von rechts nach links oder diagonal. Natürlich gewinnt letztlich jeder, weil jeder neue Kontakte geknüpft hat.

Konzentrieren Sie sich auf die Kontaktaufnahme

Eine erfolgreiche Kontaktparty zu veranstalten ist nicht einfach. Es wird jedoch klappen, wenn Sie nur daran denken, dass Ihr vorrangiges Ziel darin besteht, Ihren Gästen die Kontaktaufnahme untereinander zu erleichtern. In San Gabriel Valley gibt es eine Handelskammer (die ich nicht näher benennen möchte), deren Veranstaltungen ich keinesfalls nochmals besuchen werde. Ihre „Kontaktpartys" sind eine Farce. Nicht wegen der Besucher. Eigentlich gehen sogar recht viele Menschen dorthin. Ich streike, weil ihr Präsident einfach nicht

Visitenkarten

B	I	N	G	O
		Ihr Name		

Spielregeln

1. Werfen Sie Ihre Visitenkarte in die „Bingo-Box".
2. Schreiben Sie Ihren Namen leserlich in das mittlere Kästchen.
3. Gehen Sie herum und machen Sie sich mit anderen Gästen bekannt.
4. Bitten Sie die Gäste, ihre Namen leserlich in die übrigen Kästchen zu schreiben.
5. Visitenkarten (anstelle von Nummern) werden gezogen.
6. Es gelten die üblichen Bingo-Spielregeln (waagerecht/senkrecht/diagonal).

Abb. 13.2: Visitenkarten-Bingo

vom Mikrofon wegbleiben kann. Dadurch ist es sehr schwer, andere kennen zu lernen.

Etwa eine Stunde nach Beginn der Party fängt er normalerweise an zu schreien: „Ruhe, Ruhe, Ruhe ... ich bitte um Ihre Aufmerksamkeit." Dann beginnt er, verschiedene Personen aus dem einen oder anderen Grund vorzustellen, im Allgemeinen in Gruppen von zehn Personen gleichzeitig. Das dauert 30 Minuten oder länger (einmal habe ich sogar erwartet, dass er auch noch seine Frau und seine Kinder vorstellen würde). Er begeht also die Sünde, die Besucher einer Kontaktparty an der Kontaktaufnahme zu hindern. Nach einigen Minuten fangen alle an, den Sprecher zu ignorieren, und versuchen, leise flüsternd ihre Gespräche fortzusetzen. Dann wird das Flüstern immer lauter, und, Sie haben richtig vermutet, er schreit wieder „Ruhe, Ruhe, Ruhe!".

Mein wichtigster Rat für Vorstellungen bei Kontakttreffen oder -partys: Wenn Sie eine Rede halten wollen, sollten Sie lieber eine rein geschäftliche Veranstaltung planen. Wenn es aber wirklich eine Art Party sein soll, dann schwingen Sie keine Reden. Verwenden Sie am Ende der Party nicht mehr als zehn Minuten darauf, bestimmte Personen vorzustellen und gegebenenfalls Geschenke zu verteilen.

Dieses Kapitel beschreibt ein weiteres Kernstück der Strategie zur Formulierung einer positiven Botschaft und zu ihrer wirksamen Übermittlung. Wenn Sie durch Empfehlungen neue Kunden gewinnen wollen, müssen Sie manchmal andere Menschen dazu bringen, in Ihre „Höhle" zu kommen. Nur so können diese mehr über Sie und Ihre Dienstleistungen erfahren.

Heiße Tipps und Einsichten

1. Veranstalten Sie, wenn Ihr Büro groß genug ist, eine Kontaktparty bzw. ein Kontakttreffen, um Ihr Geschäft bekannter zu machen.

2. Planen Sie dieses Treffen mindestens acht Wochen vorher. Laden Sie viele Gäste ein und sorgen Sie für Begrüßungsgeschenke, die von Ihnen und anderen gespendet werden.

3. Erlauben Sie allen, Informationsmaterial über ihre Produkte oder Dienstleistungen mitzubringen. Reservieren Sie für diesen Zweck ein oder zwei große Tische.

4. Beauftragen Sie einige Personen damit, die ankommenden Gäste an der Tür zu empfangen. Achten Sie darauf, dass alle bei ihrer Ankunft ihre Namensschilder vollständig ausfüllen. Stellen Sie nur wenige Stühle bereit.

5. Führen Sie eine kurze „Networking-Übung" durch: Verpflichten Sie beispielsweise jeden Gast, drei ihm unbekannte Personen kennen zu lernen oder jemanden aus einer ähnlichen Branche zu finden. Fragen Sie dann, welche Methode der Kontaktaufnahme am besten funktioniert hat.

6. Lassen Sie sich etwas einfallen, um eine Kontaktparty sowohl unterhaltsam als auch erfolgreich zu gestalten. Hierzu gehört etwa: „Lernen Sie Ihr (geschäftliches) Pendant kennen" – mit ausgewählten Bereichen für bestimmte Branchen wie Finanzen, Immobilien, Gesundheitswesen usw. Sie können auch jeden eine Karte mit dem Namen einer Person eines bekannten Duos ziehen lassen. Dann muss jeder so lange andere Personen kennen lernen, bis er auf seinen „Partner" trifft.

7. Es ist nicht einfach, eine erfolgreiche Kontaktparty zu veranstalten. Ihr vorrangiges Ziel besteht darin, anderen die Kontaktaufnahme untereinander zu erleichtern. Wenn Sie das nicht aus dem Auge verlieren, wird sie gelingen.

8. Verwenden Sie am Ende der Party nicht mehr als zehn Minuten darauf, bestimmte Personen vorzustellen oder Geschenke zu verteilen.

14. Der Empfehlungsbumerang
Was im Bogen wegfliegt, kommt im Bogen zurück

Der „Pförtner"

In den meisten Gesellschaften gibt es einen speziellen Typ Mensch, dem Sie nacheifern sollten. Ich nenne ihn den „Pförtner". Pförtner sind die treibenden Kräfte jeder Gemeinschaft. Die meisten von uns kennen mindestens einen Pförtner. Es sind die Leute, die alles zu wissen scheinen. Und was noch wichtiger ist, sie sind sehr geschickt darin, Menschen zusammenzubringen. Im Prinzip stehen sie an einer Pforte, hinter der sich Kontakte und Empfehlungen befinden, und öffnen sie bei Bedarf, um Menschen mit gleichartigen Bedürfnissen und Interessen zusammenzubringen.

Bemühen Sie sich, ein „Pförtner" zu werden: jemand, zu dem andere gehen, wenn sie nach dem richtigen Kontakt suchen.

Pförtner sind fast immer erfolgreich in ihrem Beruf. Der Grund dafür liegt auf der Hand. Sie sind bereit, anderen Menschen mit Empfehlungen, Ideen, Kontakten zu helfen. Weil sie so vielen anderen Menschen helfen, wird auch ihnen Unterstützung zuteil. Sie sollten sich vornehmen, ebenfalls Pförtner zu sein. Werden Sie jemand, den andere aufsuchen, wenn sie den richtigen Kontakt brauchen.

Es gibt kein Rezept dafür, wie man schnell Pförtner wird. Vielleicht dauert es Jahre. Wenn Sie jedoch die in diesem Buch beschriebenen Vorschläge befolgen – und darauf können Sie beruhigt vertrauen –, wird sich der Prozess deutlich beschleunigen. Pförtner sein ist eine Frage der Einstellung und eine Geschäftsphilosophie, die Ihnen in vieler Hinsicht zugute kommen wird.

Einer der bekanntesten Pförtner in Washington D. C. ist Edie Fraser, Vorsitzende der Public Affairs Group. Edie ist praktisch eine „Ein-Frau-Clearingstelle". Sie bringt ständig Leute mit passenden Interessen zusammen. Jeden Tag erhält ihre Firma Dutzende von Anrufen von Leuten, die wissen, dass sie die richtige Antwort oder den richtigen Kontakt für sie hat. Führt das alles zu mehr Umsatz für Edies Firma? Ja. Sie hat fünf Jahre hintereinander jeweils Personal eingestellt und ist kürzlich in größere Büros umgezogen.

In den letzten zehn Jahren habe ich viele Geschäftsleute getroffen, die ihr Geschäft nicht auf den Fehlern, sondern auf dem Erfolg anderer aufgebaut haben. Dies ist ihnen gelungen, weil sie sich den Ruf erworben haben, nicht nur viele Leute zu kennen, sondern sie auch zusammenbringen zu können. Und was am wichtigsten ist: Sie vermitteln den Menschen, zu denen sie Beziehungen pflegen, sehr aktiv echte potenzielle Kunden. Sie können nur dann durch Empfehlungen neue Kunden gewinnen, wenn Sie selbst anderen Menschen potenzielle Kunden und Kontake vermitteln, durch die sie geschäftlich erfolgreicher werden.

Der Bumerangeffekt

Wenn Sie also wollen, dass man Sie empfiehlt, dann müssen Sie selbst auch andere empfehlen. Wenn Sie regelmäßig Empfehlungen geben, werden Sie in den Genuss des Bumerangeffekts kommen: Eine von Ihnen ausgesprochene Empfehlung kommt in Form eines neuen Kunden zu Ihnen zurück. Da sich der Bumerangeffekt bei mir selbst viele Male ausgewirkt hat, kann ich Ihnen ehrlich sagen: Es ist ein tolles Gefühl. Zum Beispiel schickte mir vor einigen Jahren jemand aus Los Angeles, dem ich selbst einmal einen Kontakt vermittelt hatte, einen potenziellen Kun-

Eine Empfehlung, die Sie für jemand anderen ausgesprochen ha ben, kommt manchmal wie ein Bumerang in Form eines neuen Kunden zu Ihnen zurück.

den. Aus dieser Empfehlung wurde nicht nur wirklich ein neuer Kunde für mich, sondern dieser schickte mir mindestens drei weitere Leute aus allen Ecken der Vereinigten Staaten, mit denen ich ebenfalls ins Geschäft kam. Speziell dieser Bumerang kehrt noch heute wieder und wieder zurück.

Achten Sie besonders darauf, ob Menschen ein Bedürfnis äußern, das ein Mitglied Ihres persönlichen Kontaktnetzes decken könnte. Ein guter Networker hat – wie gesagt – zwei Ohren und einen Mund und benutzt sie entsprechend. Hören Sie auf das, was andere Ihnen erzählen. Wann immer jemand ein Bedürfnis äußert, bei dem Sie helfen können, empfehlen Sie ihm einen Ihrer Netzwerkpartner.

Denken Sie daran, dass ein Kontakt oder ein potenzieller Kunde noch keine Garantie für einen Abschluss ist. Es ist aber eine Gelegenheit, mit anderen auf dem Markt über den Verkauf eines Produkts oder einer Dienstleistung zu sprechen. Kontakte sollten für Sie entweder „heiß", „warm" oder „lauwarm" sein.

➤ Ein „heißer" Kontakt bezieht sich auf jemanden, der sich derzeit aktiv nach einem Produkt oder einer Dienstleistung umsieht und der gerne von der durch Sie empfohlenen Person angerufen werden möchte, um darüber zu sprechen.

➤ Als „warmer" Kontakt ist jemand einzustufen, der das Produkt oder die Dienstleistung bereits hier und da gekauft hat, aber bereit ist, mit einem anderen Anbieter darüber zu sprechen.

➤ Um einen „lauwarmen" Kontakt handelt es sich bei jemandem, der ein Interesse zum Ausdruck bringt oder mit der von Ihnen empfohlenen Person sprechen will – im Augenblick aber nichts kaufen kann.

Fünf wichtige Punkte bei der Vermittlung von potenziellen Kunden

Potenzielle Kunden und Empfehlungen sind die Basis jeder Netzwerkarbeit und daher eine hochgeschätzte Währung. Aus diesem Grund sollten Sie dafür sorgen, dass alle von Ihnen vermittelten Kontakte sowohl aktuell als auch für den Betreffenden geeignet sind. Nachfolgend nenne ich Ihnen fünf Punkte, die Sie zur Vermittlung eines guten Kontakts beachten sollten.

1. Achten Sie beim Zusammentreffen mit anderen Menschen darauf, ob sie Bedürfnisse äußern. Sagen Sie ihnen dann, dass Sie jemanden wüssten, der das entsprechende Produkt oder die Dienstleistung anbietet. Berichten Sie potenziellen Kunden von Ihren Erfahrungen, wenn Sie mit der von Ihnen empfohlenen Person bereits selbst Geschäfte gemacht haben. Überreichen Sie die Visitenkarte der empfohlenen Person und bitten Sie ebenfalls um eine Karte.

2. Fragen Sie Ihren Gesprächspartner, ob er einverstanden ist, dass die von Ihnen empfohlene Person ihn anruft. So können Sie besser einschätzen, wie heiß dieser Kontakt ist. Falls ja, sollten Sie seinen Namen und die Telefonnummer notieren (eventuell auf die Rückseite Ihrer Visitenkarte) und die Informationen an den „Empfehlungspartner" weiterreichen.

3. Achten Sie bei der Vermittlung eines potenziellen Kunden darauf, dass der Empfohlene die Qualität dieses Kontakts realistisch einschätzen kann. Vermitteln Sie keinen falschen Eindruck. Ihr Empfehlungspartner wird Ihre Ehrlichkeit auch dann schätzen, wenn der Kontakt nur lauwarm ist.

4. Behalten Sie eine heiße Kontaktadresse nie lange für sich. Rufen Sie die empfohlene Person sofort an. Heiße Kontakte neigen zu schneller Abkühlung. Geben Sie dem anderen so viele Informationen über den potenziellen Kunden wie möglich. Hierzu gehören Name, Anschrift, Telefonnummer, Beruf und alles, was in Bezug auf das gesuchte Produkt oder die Dienstleistung relevant sein könnte.

5. Was Sie bei der Vermittlung eines potenziellen Kunden vermeiden sollten:
   - ➤ Eine Mitteilung etwa der Art „Neuigkeiten für Geschäftsinhaber", die Ankündigung einer Versammlung der Handelskammer oder ähnlicher Treffen für Geschäftsleute: Dies können wichtige Informationen sein, sie gehören aber nicht zur Vermittlung eines potenziellen Kunden.
   - ➤ Hinweise auf bessere Bezugsquellen: Dies ist wiederum für so manchen eine gute Information, aber kein Geschäftskontakt.
   - ➤ Eine Kontaktadresse gleichzeitig drei anderen potenziellen Anbietern weiterzugeben.

➢ Einem potenziellen Kunden eine Adresse zu empfehlen, ohne den Empfohlenen davon in Kenntnis zu setzen.

➢ Jemandem eine Empfehlung zu geben mit der gleichzeitigen Bitte, sich nicht auf Sie zu berufen.

Kontakte regelmäßig auffrischen

Pflegen Sie auch außerhalb der Netzwerktreffen Kontakt zu anderen Mitgliedern, wann immer Sie hierzu Gelegenheit haben. Schreiben Sie Karten oder Briefe, schicken Sie Artikel, die für andere von Interesse sein könnten, rufen Sie an, um zu hören, wie es ihnen geht, oder laden Sie sie ein, wenn Sie einen Termin in ihrer Nähe haben.

Beobachten Sie, wie viele Kontakte Sie vermitteln und an wen. Mithilfe dieser Informationen können Sie besonders den Personen helfen, von denen Sie selbst in der Vergangenheit oft unterstützt wurden.

Professionell Kontakte vermitteln zu können sollte eines Ihrer Hauptziele sein. Immer wenn Sie ein Produkt kaufen oder eine Dienstleistung in Anspruch nehmen, müssen Sie zuerst an die Mitglieder Ihres Netzwerks denken. Umgekehrt erwarten Sie schließlich das Gleiche von ihnen. Um die große Vielfalt der von Mitgliedern Ihres persönlichen Netzwerks angebotenen Dienste im Gedächtnis zu behalten, sollten Sie ein großes Archiv mit den jeweiligen Firmen- und Produktunterlagen anlegen. Vor allem, und das ist noch wichtiger, sollten Sie ein großes Visitenkartenarchiv haben, das von allen Netzwerkpartnern mehrere Karten enthält. So können Sie, wann immer Sie eine andere Person empfehlen, die entsprechende Visitenkarte überreichen. Wenn Sie anderen Geschäftsleuten bei der wirksamen Übermittlung ihrer Botschaft helfen, profitieren Sie letztlich selbst davon. Denn in Bezug auf Empfehlungen gibt es keine treffendere Aussage als: „Was im Bogen wegfliegt, kommt im Bogen zurück."

Heiße Tipps und Einsichten

1. Ein Pförtner ist eine treibende Kraft in der Gesellschaft. Er versteht es, Menschen zusammenzubringen. Streben Sie an, ein Pförtner zu werden – jemand, den andere aufsuchen, wenn sie den richtigen Kontakt suchen.

2. Denken Sie an den Bumerangeffekt: Die Empfehlung eines anderen kommt in Form eines neuen Kunden zu Ihnen zurück.

3. Ein guter Networker hat zwei Ohren und einen Mund und benutzt beide entsprechend.

4. Pflegen Sie so oft wie möglich auch außerhalb von Netzwerktreffen Kontakt mit den Mitgliedern. Schreiben Sie Karten oder Briefe, verschicken Sie Artikel, die für sie von Interesse sein könnten, rufen Sie an, um zu fragen, wie es ihnen geht, und laden Sie sie ein, wenn Sie einen Termin in ihrer Nähe haben.

5. Gute Kontakte vermitteln heißt, auf die Bedürfnisse anderer Menschen zu achten, ihr Einverständnis für die telefonische Kontaktaufnahme durch den Empfohlenen zu erfragen, dem Empfohlenen eine realistische Einschätzung des vermittelten Kontakts zu ermöglichen, einen heißen Kontakt nicht lange für sich zu behalten und die Weitergabe unbrauchbarer Kontakte zu vermeiden.

6. Beobachten Sie, wie oft und an wen Sie Kontakte vermitteln. Mithilfe dieser Informationen können Sie besonders solchen Menschen helfen, von denen Sie selbst in der Vergangenheit oft unterstützt wurden.

15. Der Schlüssel zu heißen Kontakten
Andere zu Empfehlungen veranlassen

Bitten Sie anfangs um Empfehlungen

In Gesprächen mit Geschäftsleuten, die gern von anderen empfohlen werden wollen, finde ich erstaunlicherweise immer wieder heraus, dass sie diesen Wunsch ihren Freunden, Geschäfts- und Netzwerkpartnern, Kunden, Klienten oder Patienten gegenüber noch nie deutlich geäußert haben. Beachten Sie den Unterschied: Die meisten behaupteten, sie hätten um die Vermittlung von Kontakten gebeten. Bei näherer Überprüfung zeigte sich jedoch, dass sie nur einige wenige ihrer Bekannten gefragt hatten. War die Reaktion dann nicht positiv, ließen sie das Thema fallen.

Wie man anderere erfolgreich um Empfehlung bzw. um Kontakte bittet, beschreibt Mark Sheer in seinem Buch *Referral*. Er empfiehlt in diesem Zusammenhang dringend die Verwendung des folgenden Satzes: „Ich möchte expandieren und brauche Ihre Hilfe. Wen kennen Sie, der vielleicht …?" Er fährt fort: „Sie dürfen diesen Satz auf keinen Fall verändern. Er wurde getestet und hat sich in genau dieser Form bewährt. Andere ebenfalls getestete Sätze haben nicht zum erwünschten Ergebnis geführt – verschwenden Sie also nicht Ihre Zeit mit ihnen. Sobald Sie sich an den Satz gewöhnt haben, ist es sehr einfach, Ihren Gesprächspartner um die Vermittlung von Kontakten zu bitten. Sagen Sie einfach: ‚Wen kennen Sie, der vielleicht …?‘"

Mit diesem Ansatz haben Sie eine offene Frage formuliert, die zum Nachdenken darüber anregt, an wen man Sie weiterempfehlen könnte. Wenn Menschen auf ihre Bitte um Kontakte keine positive Antwort erhalten, so liegt das meist darin begründet, dass sie eine sehr spezielle, geschlossene Frage gestellt haben wie etwa: „Kennen Sie vielleicht jemanden, der mein Angebot benötigt?"

Ausgerechnet während ich dieses Kapitel schrieb, erhielt ich den folgenden Brief einer Frau, von der ich im Laufe der Jahre immer wieder pädagogisch wertvolles Spielzeug für Kinder gekauft hatte. Sie hatte offenbar eines von Marks Seminaren besucht, denn sie schrieb:

Sehr geehrter Herr Dr. Misner,

zunächst möchte Ich Ihnen herzlich dafür danken, dass Sie bei mir gekauft und mich unterstützt haben. Ich möchte expandieren und brauche Ihre Hilfe. Wen kennen Sie, der meinem Kundenprofil entspricht? Ich wäre begeistert, wenn Sie sich ein paar Minuten Zeit nehmen könnten, um eine Liste von Bekannten und Freunden zusammenzustellen, die von meinem Angebot profitieren könnten. Vielleicht können Sie mir Menschen oder Firmen nennen, von denen Sie annehmen, dass sie die Qualität meiner Produkte und den von mir gebotenen Kundendienst schätzen oder brauchen könnten. Ich wäre Ihnen dankbar, wenn Sie den untenstehenden Fragebogen zum Kundenprofil lesen und ausfüllen würden. Gegen Ende der Woche werde ich mich telefonisch mit Ihnen wieder in Verbindung setzen. Wenn Sie möchten, können Sie mir das Profil im ebenfalls beigefügten frankierten Rückumschlag wieder zukommen lassen. Schon heute vielen Dank für Ihre Bemühungen.

Fragebogen zum Kundenprofil:

☐ Kennen Sie jemanden, der ein Kind erwartet?

☐ Kennen Sie frisch gebackene Eltern, Großeltern, Tanten oder Onkel?

☐ Kennen Sie jemanden, der pädagogisches Spielzeug für seine Kinder benötigt?

☐ Kennen Sie jemanden, der einer Organisation oder einer Gruppe angehört, die für Kinder spendet, wie zum Beispiel das Kinderhilfswerk, die AIDS-Kinderhilfe usw.?

☐ Kennen Sie Lehrer oder Pädagogen?

☐ Kennen Sie jemanden, der sich in einer Ausbildung befindet, die mit Kindererziehung zu tun hat?

Mit freundlichen Grüßen,
S. L.
Beraterin für pädagogisches Kinderspielzeug

Indem ich die Namen von Leuten auflistete, auf die eine der oben angeführten Beschreibungen zutraf, erteilte ich der Geschäftsfrau die stillschweigende Erlaubnis, sich auf mich zu berufen, wenn sie mit den genannten Personen in Kontakt trat. Noch besser wäre es gewesen, wenn ich diese Leute persönlich angesprochen hätte.

Der Wert von Referenzen

Bei der wirksamen Übermittlung einer positiven Botschaft kommt es auch darauf an, dass Sie wissen, in welcher Form Sie Beziehungen pflegen müssen, damit andere positiv über Sie sprechen.

Wenn ein Dritter vor anderen sagt, wie gut Sie sind, dann ist das besser als alles, was Sie selbst über sich sagen könnten. Eine solche Aussage bezeichnet man auch als „Referenz". Vor vielen Jahren fragte mich ein Chiropraktiker, Mitglied von *Business Network*, was er tun könne, um seine Kontakte zur Ortsgruppe stärker geschäftlich zu nutzen. Ich fragte ihn, ob irgendjemand aus dieser Gruppe jemals einen Chiropraktiker benötigt hätte. Das verneinte er.

Also riet ich ihm, mindestens ein Mitglied dazu zu bringen, seine Dienste in Anspruch zu nehmen. Eine chiropraktische Behandlung ist schließlich wie jede andere Art Behandlung sehr persönlich. Außerdem schlug ich ihm vor, einen speziellen Service nur für Mitglieder anzubieten. Vielleicht würde hierdurch wenigstens ein Mitglied dazu angeregt werden, seine Dienste zu nutzen.

Beim nächsten Treffen kündigte er eine sehr günstige Sonderbehandlung für Mitglieder an. Doch nur eine einzige Person machte von seinem großzügigen Angebot Gebrauch. Er war enttäuscht. Beim darauffolgenden Treffen stand derjenige, der ihn besucht hatte, jedoch auf und wandte sich mit folgenden Worten an die Gruppe: „Diese Woche bin ich zu unserem Chiropraktiker gegangen und ich kann nur sagen, dass ich bis dahin ein Idiot gewesen war! Ich kann nicht glauben, dass ich all diese Jahre damit gewartet habe, zu einem Chiropraktiker zu gehen. Unser Freund hier ist super. Ihr seid alle verrückt, wenn ihr sein Angebot nicht annehmt. Ich hatte immer schon ein kleines Rückenproblem, das ich nie wichtig genommen habe. Bis es weg war, bis heute, habe ich nicht gewusst, wie sehr es mich belastet hatte. Ich fühle mich großartig."

Als er sich wieder setzte, scherzte ein anderer: „Verdammt, er lebt noch. Ich schätze, ich werde es auch mal probieren." Beim nächstem Mal kam dieses Mitglied zum Chiropraktiker und gab ihm den Namen eines weiteren potenziellen Patienten. Um es kurz zu machen: Der Chiropraktiker gewann innerhalb weniger Wochen vier neue Patienten. Und das nur, weil jemand aufgestanden war und gesagt hatte: „Ich habe seine Dienste in Anspruch genommen, und das solltet ihr auch tun, *weil* ..."

Bitten Sie Menschen, die von Ihren Produkten oder Dienstleistungen Gebrauch gemacht haben, über ihre Erfahrungen mit anderen zu reden.

Ich habe das Wort *weil* hervorgehoben, damit Sie verstehen, dass eine Referenz nur dann wirksam ist, wenn sich jemand bezüglich der Dienstleistung oder der Produkte eines anderen *konkret* äußert und sagt, was genau gut war und wie es half. Aus solchen Referenzen werden Erfahrungen, welche die anderen Anwesenden mit dem Sprecher teilen können. Sie helfen also, bezüglich des angebotenen Service und des Produkts Vertrauen zu vermitteln.

Bitten Sie Menschen, die Ihre Dienste in Anspruch genommen haben, mit anderen über ihre Erfahrungen zu sprechen. Bitten Sie sie auch, wann immer möglich, um Empfehlungsschreiben, die Sie im Gespräch mit Menschen verwenden könnnen, denen der Absender des Schreibens bekannt ist.

Umgekehrt ist es ebenso wichtig, dass Sie den Menschen und Firmen, mit denen Sie zusammengearbeitet haben, eine Referenz geben. In ihrem Buch *Putting the One-Minute-Manager to Work* sagen Ken Blanchard und Robert Lorber, dass die Rückmeldung über eine Leistung zu den wichtigsten Elementen im erfolgreichen Umgang mit anderen Menschen gehört. Sie verweisen darauf, dass durch solche Rückmeldungen an-

Wenn Sie Gelegenheit zur Vergabe einer Referenz haben: Sagen Sie präzise, wie die Produkte oder Dienstleistungen sich für Sie ausgewirkt haben.

dere weiterhin zu guten Leistungen motiviert werden. Wenn Sie um eine Referenz gebeten werden, sollten Sie über die von Ihnen genutzten Dienste oder Produkte reden. Sagen Sie konkret, wie es geklappt hat. Es hilft keinem, bei einem Treffen einfach jedem einen Waschzettel mit den Namen der Leute, deren Dienste Sie irgendwann einmal in Anspruch genommen haben, in die Hand zu drücken.

Wenn Sie in verschiedenen Netzwerken aktiv sind – und insbesondere in solchen, die enge Kontakte pflegen –, werden Sie feststellen, dass Referenzen ein wesentlicher Bestandteil des Networking-Prozesses sind. Es ist wichtig, nicht nur von anderen Referenzen zu erhalten, sondern sie auch selbst zu geben. Sie vermitteln den Menschen, mit denen Sie aufgrund von Empfehlungen ins Geschäft kommen wollen, Glaubwürdigkeit und Vertrauen. Neben Referenzen gibt es jedoch auch noch andere Dinge, die Sie ins Feld führen können, damit man Sie häufig genug empfiehlt.

Nützliche Unterlagen und Techniken

Nachfolgend finden Sie einige wirksame Techniken, um andere Menschen so zu beeinflussen, dass sie Sie empfehlen. Nicht alle funktionieren bei jedem. Suchen Sie sich diejenigen aus, die Sie in Ihrer Firma oder in Ihrem Beruf anwenden können.

Muster. Wann immer Sie Gelegenheit haben, Anschauungsmaterialien zu verteilen, sollten Sie es tun. Bringen Sie zu den Netzwerktreffen Produkte, Muster, Broschüren oder eine Präsentationsmappe mit. Bei vielen Zusammenkünften steht für diese Zwecke ein Tisch bereit. Wer Produktmuster oder Beispiele für Ihre Dienstleistung sehen, fühlen, anfassen, hören oder riechen kann, wird eher auf Sie zurückkommen. Bieten Sie spezielle Preise nur für die Mitglieder Ihres Netzwerks an. Wenn Sie Mitglieder dazu bringen, Ihre Dienste zu nutzen, dann werden diese Sie, wie im Falle des Chiropraktikers, viel eher empfehlen.

Präsentationsmappen. Jeder Networker kann von der Zusammenstellung einer Präsentationsmappe profitieren. Kaufen Sie ein hochwertiges Ringbuch, in das Sie Muster Ihres Leistungsspektrums, Broschüren, Fotos usw. einheften können. Nehmen Sie es zu Ihren Treffen mit und sorgen Sie dafür, dass es herumgereicht wird.

Honorarfreie Gastvorträge oder Produktdemonstrationen. Viele Geschäftsleute halten, um bekannter zu werden und neue Kunden zu gewinnen, kostenlos Gastvorträge bei Service-Clubs oder Verbänden. Falls sich Ihr Produkt oder Ihre Dienstleistung hierfür eignet, sollten Sie den Mitgliedern Ihres persönlichen Netzwerks diese Leistung ebenfalls anbieten. Akzeptieren Sie Gastvorträge als ideales Kontaktforum zur Gewinnung potenzieller Kunden. Bitten Sie ihre Netzwerkpartner, sich bei anderen Organisationen, denen sie angehören, dafür einzusetzen, dass man Sie als Gastredner oder Referent verpflichtet. Wenn Sie gut vorbereitet sind und bei solchen Präsentationen gute Arbeit leisten, werden Sie vielleicht viele andere Angebote als Gastredner und entsprechend viele neue Geschäftskontakte erhalten. Diese Technik funktioniert in fast jedem Beruf, insbesondere jedoch bei Beratern aller Art, Therapeuten und Rechtsanwälten.

Preise. Clevere Geschäftsleute wissen, dass Menschen Produkte oder Dienstleistungen wahrscheinlich wieder nutzen werden, wenn sie diese erst einmal ausprobiert haben. Ich empfehle Ihnen daher, in Ihren Netzwerkgruppen regelmäßig Ihre Produkte als Preise zu stiften. Achten Sie jedoch darauf, dass man Ihnen bei der Preisvergabe gebührend dankt. Befestigen Sie immer eine Visitenkarte an den Preis, so dass der Gewinner weiß, wo er mehr bekommen kann.

Halten Sie Kontakt. Hier gilt das bereits Gesagte: Treffen Sie andere Leute möglichst oft außerhalb des geschäftlichen Umfelds, schreiben Sie ihnen Karten, spielen Sie mit ihnen Squash, Tennis oder Golf. Intensivieren Sie Beziehungen, indem Sie anderen für ihre Unterstützung stets danken. Schicken Sie als Dank für die Vermittlung eines Kontakts oder das Überbringen einer wichtigen Information ein kleines Dankesschreiben oder lassen Sie dem anderen einen Geschenkkorb zukommen. Diese Gesten intensivieren die Beziehung und rufen Sie wieder in Erinnerung.

Kontakte pflegen

Zu wissen, wie man andere zu Empfehlungen veranlasst, bedeutet letztlich nichts anderes, als zu wissen, wie man anderen helfen kann und sie umgekehrt um Hilfe bittet. Ein erfolgreiches Empfehlungsprogramm führt zu einem funktionierenden Netz von Helfern, das sich für beide Seiten vorteilhaft auswirkt.

Alles Networking der Welt bringt jedoch nichts, wenn Sie die frisch geknüpften Kontakte nicht pflegen. Ich habe Menschen getroffen, die sich intensiv um neue Kontakte bemühten. Ihre anschließende Kontaktpflege war jedoch so miserabel, dass alle Kontakte wieder einschliefen. Das ist so, als würde man nur die Hälfte des Weges gehen und vor dem Potenzial zukünftiger Empfehlungen die Augen verschließen. Briefe und Telefonate legen den Grundstein für die weitere Pflege der Beziehungen. Grundsätzlich lässt sich Folgendes festhalten: Je häufiger Sie mit anderen in Kontakt treten, desto mehr Geschäfte werden sich ergeben.

Planen Sie regelmäßig Telefonate zur Auffrischung Ihrer Kontakte ein. Auf diese Weise können Sie sich bei einer neuen Bekanntschaft in Erinnerung bringen. Auch mit Menschen, mit denen Sie bereits bestehende, dauerhafte Verbindungen pflegen, halten Sie damit den Kontakt aufrecht. Ohne telefonische oder schriftliche Erinnerungen werden Sie hundertprozentig viele geschäftliche Chancen verpassen.

Empfehlungen aus unerwarteter Richtung

Manchmal entstehen gute Kontakte aus Quellen, von denen Sie es am wenigsten erwartet hätten. Ich treffe viele Geschäftsleute, die nur mit Geschäftsführern und Vorständen Networking betreiben wollen. Sie sagen mir, dass sie den meisten Gruppen schon deshalb nicht beitreten wollen, weil von den Mitgliedern niemand dem „Top-Management" angehört. Wenn Sie warten wollen, bis Sie eine Gruppe nur für Geschäftsführer und Top-Manager finden, dann können Sie lange warten.

Selbst wenn Sie eine solche Gruppe fänden, würde es Ihnen nicht viel nützen. Wissen Sie, dort will man Sie nicht! Solche Leute verstecken sich vor Ihnen. Top-Manager wollen mit Menschen, die sie in Verdacht haben, ihnen Produkte oder Dienstleistungen verkaufen zu wollen, nichts zu tun haben. Das ist jedoch kein Problem, wenn Sie sich an anderer Stelle gezielt um Empfehlungen durch Networking bemühen. Über Ihre Netzwerke gewinnen Sie neue Kunden, weil Sie 100 Leute kennen, die ihrerseits 100 Leute kennen, die wiederum 100

Leute kennen usw. Sie sind über die Grenzen Ihres persönlichen Netzwerks hinaus Teil eines größeren Netzwerks und können nie wissen, wer diesem erweiterten Netz vielleicht angehört.

Der Besitzer eines Dekorationsgeschäfts erzählte mir einmal von einem Kontakt, den man ihm vermittelt hatte. Ein Freund von ihm hatte eine ältere Dame an ihn verwiesen. Die Frau, weit über 70, hatte bei vielen Dekorateuren vergeblich nach einer Lösung für ihr spezielles Problem gesucht. Sie wollte an einem kleinen Fenster am Hintereingang ihres Hauses eine Jalousie anbringen, weil sie fürchtete, dass Passanten ins Haus hineinschauen könnten. Normalerweise, so erklärte die Frau, würde sich ihr Sohn um so etwas kümmern. Doch dieser befand sich zum damaligen Zeitpunkt auf einer längeren Dienstreise. Weil es „zu teuer war", extra für das Anbringen einer so kleinen Jalousie anzufahren, war kein Inneneinrichtungshaus aus der Gegend bereit, etwas für sie zu tun. Der Besitzer des Dekorationsgeschäfts wollte ihr helfen, weil er ihr von einem gemeinsamen Freund empfohlen worden war und weil er die für sie beunruhigende Situation verstand.

Als er etwa einen Monat später gerade in seinem Laden arbeitete, bemerkte er, wie eine übergroße Limousine vor seinem Geschäft hielt. Neugierig beobachtete er, wie der Chauffeur ausstieg und einem teuer gekleideten Mann die Tür öffnete.

Der Mann kam in seinen Laden und fragte nach dem Besitzer. Unser Geschäftsmann stellte sich vor und fragte nach seinen Wünschen. Der Fremde fragte ihn, ob er sich an die ältere Dame erinnerte, der er eine kleine Jalousie angebracht habe. Natürlich erinnerte sich der Dekorateur. Daraufhin erklärte ihm der andere, dass ihn die Ausführung dieses Auftrags beeindruckt habe, weil er wüsste, dass dabei kein Gewinn erzielt worden war. Die Frau sei seine Mutter. Sie schwärme nun von der Freundlichkeit, mit der sie behandelt worden wäre, und lobte, dass er ihr als Einziger geholfen habe. Sie habe nun ihrem Sohn geraten, dieses Geschäft zu beauftragen, wann immer er entsprechende Produkte und Leistungen benötige. Tatsächlich habe er jetzt ein neues 2000 Quadratmeter großes Anwesen am Meer gekauft und benötige Fensterdekorationen für alle Fenster des Hauses. Er bat den Dekorateur, den Auftrag anzunehmen und gleich hinauszufahren, um Maß zu nehmen. Der Dekorateur erzählte mir, dass er an diesem Job mehr verdient habe als an allen anderen Aufträgen zuvor – zustande gekommen durch eine alte Dame, die eine kleine Jalousie für die Hintertür ihres Hauses gebraucht hatte.

Es ist eine Ironie des Schicksals, dass die „große Empfehlung" wahrscheinlich nicht von einem Geschäftsführer kommt, sondern von jemandem, der einen Geschäftsführer kennt.

Ein Architekt in Las Vegas berichtete mir von einem Fensterputzer, den er in einer der Netzwerkgruppen kennen gelernt hatte. Er sagte, dass er den Fensterputzer neun Monate lang jede Woche getroffen hätte, bevor dieser ihm den

> *Wenn man Ihnen eines Tages den „großen Kontakt" vermittelt, stammt er vermutlich nicht von einem Geschäftsführer, sondern von jemandem, der einen Geschäftsführer kennt.*

ersten Kontakt vermittelt habe. Dieser Kontakt sei für ihn jedoch über 300.000 Dollar wert gewesen.

Sie können nie wissen, aus welcher Quelle eine gute Empfehlung kommt. Sie könnte von einer kleinen alten Dame oder von einem Fensterputzer stammen. Achten Sie daher auf die Kontakte, über die andere Geschäftsleute möglicherweise verfügen oder die sie Ihnen vermitteln könnten.

Unbrauchbare Empfehlungen

Unbrauchbare Empfehlungen lassen sich am besten vermeiden, indem man die Leute, die sie vermittelt haben, von der Nutzlosigkeit in Kenntnis setzt. Sagen Sie es ihnen taktvoll, aber sagen Sie es. Tun Sie es nicht, wird man Ihnen auch weiterhin nutzlose Namen oder Adressen zukommen lassen – doch dann haben Sie sie verdient. Ständig höre ich: „Oh, das kann ich nicht – jemandem sagen, dass seine Information unbrauchbar war." Dann antworte ich: „Sie können es sich nicht leisten, es nicht zu tun." Seien Sie offen und entschuldigen Sie sich nicht dafür. Der andere muss wissen, dass die Empfehlung nicht gut war. Äußern Sie sich positiv. Machen Sie deutlich, dass die Empfehlung schlecht war – nicht die Bemühungen des anderen. Wenn Sie von anderen Menschen das Beste erwarten, werden Sie es normalerweise auch erhalten. Wenn Sie weniger als das Beste erwarten, werden Sie in der Regel auch das bekommen. Der beste Weg zu guten Empfehlungen besteht darin, anderen zu sagen, was für Sie ein guter Kontakt ist. Der ist für jede Person und besonders für jeden Beruf unterschiedlich.

Für einige Berufe, zum Beispiel für Berater oder Therapeuten, bedeutet die Gelegenheit zu einem eigenen Vortrag ein guter Kontakt. Für andere, wie etwa Druckereien, Baufirmen oder Blumenläden, gilt das nicht. Sie können nicht erwarten, dass jeder weiß, nach welcher Art von Kontakten Sie suchen. Daher ist es wichtig, dass Sie sehr präzise sagen, was für Sie ein guter Kontakt ist und was nicht.

Kontakte dokumentieren

Eine außergewöhnlich gute Möglichkeit, um die Vermittlung von Kontakten bzw. Empfehlungen sicherzustellen, besteht darin, sie zu dokumentieren.

Das ist in vielerlei Hinsicht hilfreich. Es sagt Ihnen, wer Sie wie oft empfiehlt, die Qualität des Kontakts, den jeweils aktuellen Status des Anbahnungsprozesses und den Gewinn eines durch Empfehlung entstandenen Geschäfts. Mithilfe dieser Informationen können Sie sich leichter auf die Netzwerkgruppen konzentrieren, von denen Sie am häufigsten empfohlen werden.

Abbildung 15.1 stellt ein wirksames Kontaktdokumentationssystem vor. Sie tragen das Datum ein, an dem Sie die Kontaktadresse erhalten haben, wer sie vermittelt hat, das Datum des persönlichen Erstkontakts, wie „heiß" der Kontakt war, wann Sie sich mit der entsprechenden Person trafen, wann Sie nachgefasst haben, den aktuellen Status, den ungefähren Wert des Kontakts – sofern sich daraus ein Geschäft ergibt – und schließlich, ob sich in der Folge daraus weitere Kontakte ergeben haben. Alle guten Führungskräfte verwenden

Arbeitsblatt Nr. 8

Datum	Ansprech-partner	empfohlen durch	kontaktiert am	Interesse • heiß • warm • lauwarm • kalt	persönlich getroffen am	Weitere Treffen am	Status • abge-schlossen • ab-schließbar • kein Abschluss	Wert ungefähr	Folge-kontakte • ja • nein

Abb. 15.1: Das Kontaktdokumentationssystem des hervorragenden Networkers

183

Rohdaten wie diese, um ihre Effizienz zu verbessern. Die Firma *Business Paradigm Productions* bietet ein sehr preisgünstiges, IBM-kompatibles Programm mit Namen „NetLead" an, mit dessen Hilfe sich sowohl Kontakte, die man Ihnen vermittelt, als auch solche, die Sie selbst weitergeben, überwachen lassen. Außerdem informiert es über erforderliche Informationen zur weiteren Bearbeitung und den Zeitpunkt für eine erneute Kontaktaufnahme. Der Umgang mit dem Programm ist leicht zu erlernen, da es für den Neueinsteiger zahlreiche Hilfemenüs bereithält. Zum Zeitpunkt, als dieses Buch geschrieben wurde, kostete es unter 25 Dollar und war sein Geld wirklich wert.

Einige Abschnitte des Marketingplans für die Kundengewinnung durch Empfehlungen am Endes des Buches beziehen sich auf dieses Kapitel. Nehmen Sie sich Zeit, um den Plan zu überprüfen und ihn an Ihre persönlichen Bedürfnisse anzupassen. Entwickeln Sie einen eigenen Fragebogen für Ihr Kundenprofil und überlegen Sie, wen Sie um ein Empfehlungsschreiben bitten könnten. Welches Material könnten Sie benutzen, damit Sie anderen Menschen in Erinnerung bleiben? Pflegen Sie Ihre Kontakte systematisch mithilfe eines entsprechenden Computerprogramms. Nutzen Sie ein Kontaktdokumentationssystem, um die Ergebnisse Ihrer Bemühungen im Empfehlungsmarketing zu kontrollieren.

Heiße Tipps und Einsichten

1. Verwenden Sie, wenn Sie einen Klienten oder einen Geschäftsfreund um eine Empfehlung bitten, den Satz: „Wen kennen Sie, der vielleicht...?" Dies ist eine offene Frage, die gut funktioniert. Ändern Sie diesen Satz nicht. Andere Sätze wurden ausprobiert und haben nicht zu den gewünschten Resultaten geführt.

2. Ein Lob zur Qualität Ihres Produkts oder Ihrer Dienstleistung durch andere ist besser als alles, was Sie über sich selbst sagen können. Bitten Sie Personen, die Ihre Produkte oder Leistungen verwendet haben, beim nächsten Treffen Ihrer Netzwerkgruppe über ihre Erfahrungen zu berichten.

3. Top-Manager wollen mit Menschen, die sie in Verdacht haben, ihnen Produkte oder Dienstleistungen verkaufen zu wollen, nichts zu tun haben. Durch Empfehlungen können Sie neue Kunden gewinnen: Über Ihr Netzwerk kennen Sie 100 Leute, die 100 andere Leute kennen, die wiederum 100 Leute kennen usw. Die ertragreichsten Empfehlungen stammen vermutlich nicht von einem Geschäftsführer, sondern von jemandem, der einen Geschäftsführer kennt.

4. Verteilen Sie Ihre Werbematerialien, wann immer Sie hierzu Gelegenheit haben. Nehmen Sie Produkte, Muster, Broschüren oder eine Präsentationsmappe zu Netzwerk-Meetings mit. Wenn Menschen Muster Ihres Produkts oder Ihrer Dienstleistung sehen, fühlen, anfassen, hören oder riechen können, werden sie viel eher Gebrauch davon machen.

5. Bieten Sie den Mitgliedern Ihres Netzwerks einen Sonderpreis oder einen besonderen Service an. Diese werden Sie viel eher empfehlen, wenn sie Ihr Angebot selbst genutzt haben.

6. Jeder Netzwerker profitiert von einer Präsentationsmappe, die er zu den Meetings mitnehmen und herumreichen kann.

7. Informieren Sie die Mitglieder Ihres Netzwerks darüber – sofern sich Ihr Produkt oder Ihre Dienstleistung für diesen Ansatz eignet –, dass Sie Gastvorträge als ein echtes Kontaktforum erachten. Bitten Sie die Mitglieder, sich bei anderen Organisationen dafür einzusetzen, dass Sie als Gastredner oder Referent eingeladen werden.

8. Treffen Sie andere Menschen so oft wie möglich außerhalb des formalen Rahmens eines Netzwerktreffens. Schreiben Sie Karten oder Briefe, verschicken Sie Fachartikel, die für andere von Interesse sein könnten, rufen Sie sie an, um Ihren Besuch anzukündigen, und informieren Sie sie über Netzwerkveranstaltungen in ihrer Nähe.

9. Um brauchbare Empfehlungen zu erhalten, müssen Sie offen sagen, wenn jemand Ihnen einen schlechten Kontakt vermittelt hat. Tun Sie es nicht, wird sich an der Situation nichts ändern. In diesem Fall haben Sie allerdings jeden einzelnen schlechten Kontakt verdient. Informieren Sie andere darüber, was für Sie ein guter Kontakt ist.

10. Dokumentieren Sie Kontakte, die andere Ihnen vermitteln. Auf diese Weise erhalten Sie viele Informationen: die Häufigkeit, mit der Sie Kontaktadressen bekommen, aus welcher Quelle sie stammen, von welcher Qualität sie sind, ihren aktuellen Bearbeitungsstatus und ihren finanziellen Wert. Damit können Sie sich besser auf die Personen und Netzwerkgruppen konzentrieren, die Ihnen die besten Kontakte vermitteln – und ihnen den entsprechenden Gegendienst erweisen.

Teil IV

Beziehungen aufbauen

Der Weg ist das Ziel

16. Das Empfehlungsparadigma
Pflügen statt jagen

Strategische Kundengewinnung durch Mundpropaganda

Mundpropaganda ist etwas Paradoxes. Heute weiß jeder, was damit gemeint ist. Doch nur wenige verstehen es, dieses Konzept für sich profitabel zu nutzen. Ich bin überzeugt, dass sich diese Situation mit der kommenden Generation von Geschäftsleuten und Managern ändern wird. Im 21. Jahrhundert entsteht für Geschäftsleute eine wachsende Notwendigkeit, zu den Grundlagen der Beziehungspflege zurückzukehren. Sie haben in diesem Buch gesehen, dass ein guter Dienst am Kunden – obgleich wichtig für die Pflege des bestehenden Kundenstamms – nicht ausreicht, um die Gewinnung von Neukunden durch Empfehlungen positiv zu beeinflussen. Im Gegenteil: Wenn Sie sich nicht konzentriert um dieses Thema kümmern, kann Ihrem Geschäft durch Mundpropaganda sogar eher Schaden als Nutzen entstehen.

Es gibt nur vier Möglichkeiten, mehr Kunden zu gewinnen: Werbung, PR, Telefonverkauf und Empfehlungsmarketing

Es gibt nur vier Möglichkeiten, mehr Kunden zu gewinnen: Werbung, Öffentlichkeitsarbeit, Telefonverkauf oder – das bekannteste Marketinggeheimnis der Welt – Empfehlungsmarketing. Wenn Sie mehr Kunden durch Empfehlungen gewinnen wollen, dann müssen Sie die für so viele Geschäftsleute typische „Höhlenbewohnermentalität" aufgeben.

Mehr als je zuvor kommt es heute darauf an, sich gegenüber dem Wettbewerb Vorteile zu verschaffen. Die Lösung: strategische Kundengewinnung durch Empfehlungen.

Sie können viele neue Kunden durch Empfehlungen gewinnen, indem Sie ein vielseitiges Kontaktnetz mit einer positiven, wirkungsvoll übermittelten Botschaft (wie im Empfehlungsgitter in Abbildung 3.2 gezeigt) kombinieren. Mit nur einem dieser beiden Komponenten allein können Sie das volle Potenzial von geschickt betriebenem Empfehlungsmarketing nicht ausschöpfen. Kontaktnetz und Übermittlung der Botschaft sind zwei Teile eines Ganzen, die nur in Verbindung miteinander ein vollständiges Marketingprogramm ergeben.

Um ein einflussreiches Netzwerk aufzubauen, müssen Sie – neben anderen Dingen – Ihren Einflussbereich erweitern, Ihre Kontaktsphären nutzen, sich bei organisatorischen Fragen engagieren, Kontakte mithilfe verschiedener Netzwerke knüpfen und Ihr Unternehmen zu einer Knotenpunktfirma ausbauen.

Eine positive Botschaft können Sie wirksam übermitteln, indem Sie sich ein gutes Image zulegen, die notwendigen Fertigkeiten zur Übermittlung Ihrer Botschaft erlernen, Incentives entwickeln für die Menschen, von denen Sie empfohlen werden, Gedächtnisanker und einen kleinsten gemeinsamen Nenner benutzen, den Bumerangeffekt verstehen und lernen, wie man andere empfiehlt und selbst empfohlen wird.

Pflügen statt jagen

Die zentrale Botschaft dieses Buches lautet: Kundengewinnung durch Empfehlungen hat mehr mit Ackerbau als mit Jagd zu tun hat. Es hat mit der Kultivierung von Beziehungen zu anderen Geschäftsleuten zu tun. Zu Beginn des neuen Jahrhunderts müssen wir wieder auf die bleibenden Werte sehen, deren Beachtung vielen Unternehmen zum Erfolg verholfen hat. Hierzu gehört Vertrauen. Wir arbeiten bevorzugt mit Menschen und Unternehmen, denen wir vertrauen. Wenn wir also erwarten, dass andere Menschen uns empfehlen, müssen wir zuerst ihr Vertrauen gewinnen. Das ist ein Prozess – ein Prozess des „Pflügens", d.h. der Kultivierung von Beziehungen, die zu dauerhaften Empfehlungspartnerschaften führen.

Leider streben viele von uns in dieser Hightech-Gesellschaft vor allem nach kurzfristigen Erfolgen. Empfehlungsmarketing ist kein

Rezept, um „schnell reich zu werden"; es ist auch keine Modeer-
scheinung. Es ist die solide Grundlage für jeden, der durch Empfehlungen neue Kunden gewinnen will. Wenn Sie also von diesem Ansatz profitieren wollen, müssen Sie akzeptieren, dass es Zeit kostet,
Vertrauen aufzubauen. Mit ein wenig Beharrlichkeit, ehrlichem
Bemühen und ein bisschen Zeit können Sie fast alle Ihre Neukunden
durch Empfehlungen gewinnen. Calvin Coolidge hat einmal gesagt:
„Nichts auf der Welt geht über Beharrlichkeit. Nicht Talent – es wim-
melt von gescheiterten Existenzen mit Talent. Nicht Genie – das ver-
kannte Genie wurde zum Begriff. Erziehung nicht – allerorten finden
sich gut erzogene Versager. Zielstrebigkeit und Ausdauer allein ver-
bürgen den Erfolg."

Beharrlichkeit und Zielstrebigkeit sind die Schlüssel zum Erfolg,
wenn Sie Empfehlungen wollen. Vor vielen Jahren gab es einmal
einen Mann, der geschäftlich scheiterte. Ein Jahr später erhielt er im
Parlament keinen Sitz. Im Jahr darauf scheiterte er nochmals in seinem Beruf. Drei Jahre später erlitt er einen Nervenzusammenbruch.
Zwei Jahre danach wurde er als Sprecher des Repräsentantenhauses
abgelehnt. Zwei Jahre später scheiterte er als Wahlmann. Drei Jahre
danach scheiterte er in dem Versuch, einen Sitz im amerikanischen
Kongress zu erhalten. Fünf Jahre später schaffte er es ein zweites Mal
nicht in den Kongress. Sieben Jahre später scheiterte er, als er versuchte, einen Sitz im Senat zu erlangen. Zwei Jahre danach wieder.
Nach weiteren zwei Jahren wurde er zum Präsidenten der Vereinigten Staaten gewählt. Der Mann war Abraham Lincoln.

Die Moral von der Geschichte: Geben Sie niemals auf. Kunden
durch Empfehlungen zu gewinnen erfordert Zeit, Beharrlichkeit und
die Bereitschaft, anderen zu helfen. Vor vielen Jahren habe ich gelernt, dass man geschäftlich oder privat fast alles haben kann, was
man will – wenn man bereit ist, anderen Menschen bei der Realisierung ihrer Wünsche zu helfen.

Sie kennen jetzt die Strategie, durch Empfehlungen unglaublich erfolgreich neue Kunden zu gewinnen. Wenn Sie diese Ideen in die Praxis umsetzen, wird sich Ihr Einkommen deutlich erhöhen. Die Frage
ist nur, inwieweit Sie diese Ideen in die Praxis umsetzen werden. Ihre
Strategie für ein erfolgreiches Empfehlungsmarketing wird das sein,

was Sie aus ihr machen. Aber das ist natürlich bei den meisten Dingen so – sowohl im privaten als auch im geschäftlichen Bereich.

Nehmen Sie als Beispiel ein einfaches Stück Eisen im Wert von 5 Dollar und formen Sie es in ein Hufeisen um. Jetzt ist es etwa 11 Dollar wert. Als Schraubenzieher oder Küchenmesser kann das gleiche Stück Eisen 250 Dollar wert sein, als Nadeln 3500 Dollar, als Unruhefelder für Armbanduhren fast 250.000 Dollar! Wenn der Wert eines einfachen Stückchen Eisens beliebig zwischen 5 und 250.000 Dollar liegt, dann kann man erst recht nicht vorhersagen, welchen Wert die in diesem Buch skizzierten Ideen für die Person besitzen, die sie umsetzt.

Ralph Waldo Emerson hat einmal gesagt: „In unserer Vergangenheit und in unserer Zukunft liegt nur wenig – im Vergleich zu dem, was in uns steckt." Kunden durch Empfehlungen zu gewinnen bedeutet nichts anderes, als das Beste in uns hervorzuholen. Es bedeutet, mit unseren Freunden zu teilen und uns um sie zu kümmern. Soweit es mich betrifft, gibt es keine bessere Art, Geschäfte zu machen. Empfehlungsmarketing bedeutet, Beziehungen systematisch und professionell zu pflegen. Eines habe ich in den vergangenen zehn Jahren, in denen Kunden aufgrund von Empfehlungen zu mir kamen, gelernt: Nicht was Sie wissen oder wen Sie kennen, macht den Unterschied aus, sondern wen Sie wie gut kennen.

Nicht was Sie wissen oder wen Sie kennen, macht den Unterschied aus, sondern wen Sie wie gut kennen.

Bauen Sie ein einflussreiches, vielseitiges Kontaktnetz auf und übermitteln Sie Ihre positive Botschaft Menschen, denen Sie bekannt sind und die Ihnen vertrauen – und der Erfolg ist Ihnen sicher.

Teil V

Strategie der Kundengewinnung durch Empfehlungen

Ein praktischer Leitfaden für erfolgreiches Empfehlungsmarketing

Marketingplan und Arbeitsblätter

Die Strategie der Kundengewinnung durch Empfehlungen basiert auf zwei Schlüsselkomponenten, die Sie umsetzen müssen, um ein Meister des Empfehlungsmarketings zu werden. Dies sind:

1. Aufbau eines einflussreichen, vielseitigen Kontaktnetzes
2. Formulierung einer positiven Botschaft und ihre wirksame Übermittlung

Durch die Kombination beider Elemente gewinnen Sie aufgrund von Empfehlungen neue Kunden.

Indem Sie den Anweisungen auf den folgenden linken Seiten folgen und die Lücken in den Arbeitsblättern ausfüllen (rechte Seite), entwickeln Sie Ihre persönliche Strategie der Kundengewinnung durch Empfehlungsmarketing. Dann sind Sie bereit für die „Fünf-zu-fünf-Beziehung" und dafür, ein Empfehlungmarketing-Experte zu werden.

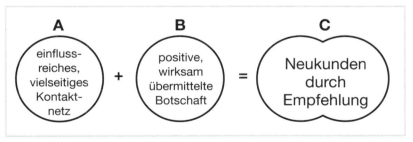

Formel zur Kundengewinnung durch Empfehlungen

Aufbau eines einflussreichen, vielseitigen Kontaktnetzes

1. Tragen Sie Ihre Kontakte zusammen!

Verwalten Sie alle Ihre Kontakte von einer Stelle aus. Wählen Sie hierzu das für Sie einfachste Medium. Es könnte auch eine Kombination sein aus:

➣ Computerdatenbank
➣ Mailingliste
➣ Kästchen für Visitenkarten
➣ Händler-/Kundenliste
➣ andere Medien

2. Ordnen Sie Ihre Kontakte in verschiedene Kategorien!

Klassifizieren Sie jeden Namen mit einem entsprechenden Vermerk entweder als engen (EK) oder losen Kontakt (LK).

3. Ermitteln Sie Ihre eigene Kontaktsphäre!

Kontaktsphären setzen sich aus den Geschäften, Branchen oder Berufen zusammen, die aufgrund ihrer inhaltlichen Ausrichtung eine natürliche Quelle gegenseitiger Empfehlungen sein können. Die zu einer bestimmten Kontaktsphäre gehörigen Geschäfte oder Berufsgruppen stehen in symbiotischer, ergänzender, nicht konkurrierender Beziehung zueinander – beispielsweise ein Rechtsanwalt, ein Steuerberater, ein Anlageberater und ein Banker.

Nehmen Sie zu den von Ihnen aufgeführten Geschäften und Berufsgruppen Kontakt auf. Vereinbaren Sie mit denjenigen, mit denen Sie am liebsten zusammenarbeiten möchten, den gegenseitigen Austausch von Empfehlungen.

Arbeitsblatt

1. Tragen Sie Ihre Kontakte zusammen!

Tragen Sie ein, aus welchen Quellen Sie Ihre Kontaktliste zusammengestellt haben:

1. _____   4. _____
2. _____   5. _____
3. _____   6. _____

2. Ordnen Sie Ihre Kontakte in verschiedene Kategorien!

Anzahl enger Kontakte:
Anzahl loser Kontakte:

3. Ermitteln Sie Ihre eigene Kontaktsphäre!

Ihr Beruf:
Tragen Sie verwandte Berufe (Kontaktsphären) ein:

1. _____   5. _____
2. _____   6. _____
3. _____   7. _____
4. _____   8. _____

4. Machen Sie aus Ihrem Unternehmen eine Knotenpunktfirma!

Eine Knotenpunktfirma ist das Schlüsselunternehmen in einer Gruppe von Firmen, die miteinander vereinbart haben, den Absatz ihrer Produkte und Dienstleistungen oder ihr Fachwissen gegenseitig maximal zu fördern.

Machen Sie eine Liste aller Firmen, mit denen Sie Partnerschaften oder Allianzen eingehen sollten, um die Bedürfnisse Ihrer Kunden besser zu erfüllen. Hierzu gehören die Unternehmen Ihrer Kontaktsphäre; aber auch andere Firmen können dazugehören – wie etwa Mitbewerber mit anderen Schwerpunkten.

Vereinbaren Sie, nachdem Sie Ihre Liste fertig haben, Termine mit jeder dieser Firmen, um den ersten Schritt für den Aufbau einer Beziehung mit ihnen zu tun. Prüfen Sie, ob es Joint-Venture-Projekte gibt, die Sie versuchsweise durchführen könnten.

5a. Nehmen Sie Kontakt auf!

Werden Sie kein Höhlenbewohner. Setzen Sie sich Ziele für die Anzahl von Kontakten, die Sie innerhalb Ihrer Kontaktsphäre knüpfen wollen oder mit denen Sie als Knotenpunktfirma eine Allianz eingehen möchten.

5b. Setzen Sie sich Besuchsziele!

Legen Sie fest, wie viele Netzwerkgruppen Sie in den nächsten drei Monaten pro Monat besuchen werden.

4. Machen Sie aus Ihrem Unternehmen eine Knotenpunktfirma!

Mit welchen Firmen wollen Sie Allianzen eingehen?

1. _____   5. _____
2. _____   6. _____
3. _____   7. _____
4. _____   8. _____

5a. Nehmen Sie Kontakt auf!

Anzahl der vereinbarten Termine in den nächsten

30 Tagen ☐   60 Tagen ☐   90 Tagen ☐

5b. Setzen Sie sich Besuchsziele!

Anzahl der Netzwerkgruppen, die Sie besuchen werden:
in den nächsten

30 Tagen ☐   60 Tagen ☐   90 Tagen ☐

6. Werden Sie Mitglied in verschiedenen Netzwerken!

Der Auswahlprozess ist sehr wichtig. Lassen Sie nicht den Zufall darüber entscheiden, wofür Sie Zeit und Mühe aufwenden werden. Erinnern Sie sich: Der Schlüssel liegt in der Diversifizierung Ihrer Aktivitäten. Ein Netzwerk allein kann nicht alle Ihre Bedürfnisse erfüllen. Daher sollten Sie ganz bewusst eine gut abgerundete Mischung verschiedener Netzwerke zusammenstellen. Vermeiden Sie, in mehr als einer Gruppe pro Netzwerkart Mitglied zu sein. Bei der Festlegung, in welchen Netzwerkgruppen Sie aktiv werden müssen, sollten Sie, falls Sie Geschäftspartner oder Mitarbeiter haben, auch deren Mitarbeit in Netzwerken berücksichtigen.

a. Welchen Netzwerken sind Sie beigetreten? Machen Sie eine nach Netzwerktypen geordnete Aufstellung (siehe gegenüberliegende Seite).
b. Machen Sie eine Liste der Netzwerke, die für Sie infrage kommen, in denen Sie aber noch nicht Mitglied sind.
c. Finden Sie heraus, wann und wo sich jede dieser Gruppen trifft, und besuchen Sie das nächste Treffen.
d. Ermitteln Sie für jede dieser Gruppen:

1. Seit wann besteht sie?
2. Wie viele Mitglieder hat sie?
3. Welche Art Mitgliedschaft ist möglich?
4. Gehört sie zu einem bundesweiten oder internationalen Netzwerk?
5. Wie engagiert werden die Ziele verfolgt?
6. Inwieweit sind die Treffen strukturiert?
7. Wie hoch ist der Mitgliedsbeitrag?
8. Wie oft finden die Treffen statt?
9. Was sagen andere Mitglieder über die Gruppe?
10. Welchen Gesamteindruck haben Sie von der Gruppe?

6. Planen Sie Ihre Netzwerkmitgliedschaften!

Schreiben Sie – geordnet nach Netzwerkyp – auf, in welchen Gruppen Sie bereits Mitglied sind (a) und für welche Sie eine Mitgliedschaft in Betracht ziehen (b):

1. Netzwerke für lose Kontakte: a. _____
                                  b. _____
2. Netzwerke für enge Kontakte: a. _____
                                  b. _____
3. Service-Clubs   a. _____
                                  b. _____
4. Berufsverbände   a. _____
                                  b. _____
5. Netzwerke für geschäftliche   a. _____
   und gesellige Zwecke   b. _____
6. Frauennetzwerke   a. _____
                                  b. _____

c. Tragen Sie Ort und Zeit des nächsten Treffens ein
   (Benutzen Sie gegebenenfalls ein separates Blatt Papier)

d. Beantworten Sie für jede Gruppe die zehn Fragen von der linken
   Seite (Benutzen Sie gegebenenfalls ein separates Blatt Papier):

1. _____   6. _____
2. _____   7. _____
3. _____   8. _____
4. _____   9. _____
5. _____   10. _____

Formulierung einer positiven Botschaft und ihre wirksame Übermittlung

1. Beschreiben Sie: Welche Identität möchten Sie vermitteln?

2. Machen Sie eine Liste der Schlüsselthemen für die nächsten vier Pressemitteilungen.

3. Besitzen Sie Abdrucke von veröffentlichten Artikeln? Wenn ja, welche?

4. Begleitmaterialien

Überprüfen Sie, welche Begleitmaterialien Sie bereits besitzen und/oder gerne hätten. Stellen Sie eine Übersicht der Dinge zusammen, die Sie gerne hätten, aber noch nicht angefertigt haben.

1. Die von Ihnen gewünschte Identität für Ihr Unternehmen:

2. Schlüsselthemen für Ihre nächsten vier Pressemitteilungen:

a. _____   c. _____
b. _____   d. _____

3. Abdrucke von veröffentlichten Artikeln:

4. Begleitmaterialien:

1 = vorhanden / 2 = gewünscht

1   2
☐   ☐   Briefe von zufriedenen Kunden
☐   ☐   Artikel, in denen Sie erwähnt werden
☐   ☐   ein- bis zweiseitiges faxbares Infoblatt
☐   ☐   von Ihnen produzierte Audio- oder Videokassetten
☐   ☐   Produktankündigungen/Pressemitteilungen
☐   ☐   Kopien von Werbeanzeigen in den Printmedien
☐   ☐   Übersicht über Mitgliedschaften und Zugehörigkeiten
☐   ☐   Produktkatalog
☐   ☐   Broschüren, Rundschreiben oder Datenblätter
☐   ☐   Fragebögen
☐   ☐   Jahresbericht oder Unternehmensziele
☐   ☐   Newsletter
☐   ☐   Slogan, Botschaft oder Serviceversprechen
☐   ☐   Mustervordrucke für Kundenvorschläge und Angebote
☐   ☐   Marktübersichten (von Ihnen oder von anderen erstellt)
☐   ☐   Präsentationstexte, Dias oder Overhead-Folien
☐   ☐   Werbebriefe, die Sie an Ihre Kunden verschickt haben
☐   ☐   allgemeine Unterlagen zu Ihrem Netzwerk
☐   ☐   Artikel zu Trends in Ihrer Branche
☐   ☐   Fotos Ihrer Büroräume, Ausstattung, Produkte
☐   ☐   Fotos von Ihnen und Ihren Mitarbeitern
☐   ☐   Sonstiges

5. Networking-Tools

Stellen Sie die auf der gegenüberliegenden Seite aufgeführten „Werkzeuge" eines Netzwerkers zusammen.

6. Incentive-Programm

Stellen Sie eine Fokusgruppe zusammen, die sich speziell damit befasst, geeignete Incentives für Ihr Unternehmen zu entwickeln. Bereiten Sie für alle Personen, die für Ihr Unternehmen in irgendeiner Weise relevant sein könnten, Incentives vor.

7. Incentives

a. Erstellen Sie eine Liste der Incentives, die der Gruppe (und/oder Ihnen) am besten gefielen. Fertigen Sie für jedes Incentive eine kurze Beschreibung an: Für wen ist es geeignet, worin liegt der Anreiz usw. ?

b. Notieren Sie: Was müssen Sie noch tun, um diese Incentives in Ihrem Unternehmen umsetzen zu können?

8. Mitgliedschaften

Machen Sie eine Liste

a. aller Organisationen, denen Sie angehören,

b. der Funktionen in jeder dieser Organisationen, die Ihnen zu einer Verbesserung Ihres Bekanntheitsgrades verhelfen oder Ihnen Gelegenheit bieten, andere Menschen kennen zu lernen (Präsident, Vizepräsident, Vorsitzender usw.)

5. Networking-Tools

Stellen Sie die folgenden Werkzeuge eines Networkers zusammen:

➤ ein professionelles Namensschild
➤ ein Visitenkartenetui für jeden Anzug/jedes Kostüm
➤ ausreichend Visitenkarten in der Brieftasche, im Portemonnaie
➤ eine Sammelmappe für die Visitenkarten anderer Leute
➤ ein Kontakt-Managementsystem oder ein entsprechendes Computerprogramm
➤ ein Paket Begleitmaterialien

6. Incentive-Programm

Mitglieder Ihrer Fokusgruppe: _____
Klienten/Kunden/Patienten: _____
Mitarbeiter: _____
Geschäftspartner: _____
andere: _____

7. Incentives

a. die besten Incentives   b. Umsetzung
1._____   _____
2._____   _____
3._____   _____

8. Migliedschaften

a. Organisation: b. Funktion:
1._____   _____
2._____   _____
3._____   _____

9. Gedächtnisanker

Formulieren Sie für Ihr Unternehmen mindestens ein oder zwei Gedächtnisanker. Ein „Gedächtnisanker" ist eine kurze, interessante Aussage in Ihrem Vorstellungstext, die Ihre Tätigkeit so lebendig beschreibt, dass andere Menschen sie vor ihrem geistigen Auge sehen können. Mit anderen Worten: Sie verankern sich damit im Gedächtnis Ihrer Zuhörer.

10. Erstellen Sie eine Liste kleinster gemeinsamer Nenner!

Schreiben Sie einige der kleinsten gemeinsamen Nenner auf, die für Ihr Unternehmen in Bezug auf die gegenüberliegend aufgeführten Bereiche gelten.

11. Bereiten Sie eine kurze Vorstellung vor!

Machen Sie sich Notizen zu den auf der rechten Seite angesprochenen Punkten. Verwenden Sie diese, wenn Sie sich einer Netzwerkgruppe vorstellen müssen.

9. Gedächtnisanker

a. _____

b. _____

10. Erstellen Sie eine Liste kleinster gemeinsamer Nenner!

Besondere Produkte/Dienstleistungen: _____

Zielmärkte: _____

Nutzen Ihrer Produkte/Dienstleistungen: _____

Ihre Kompetenz/Kompetenz Ihrer Firma: _____

Besondere Fallstudien: _____

11. Bereiten Sie eine kurze Vorstellung vor!

Ihr Name: _____
Kurzbeschreibung Ihres Unternehmens
oder Ihres Berufs: _____
Gedächtnisanker: _____
Aussage zum Nutzen oder der kleinste gemeinsame Nenner in Bezug auf ein spezielles Produkt oder eine spezielle Dienstleistung aus Ihrem Angebot (Womit helfen Sie anderen?):

_____

_____

12. Arbeiten Sie in Ihren Netzwerken!

Machen Sie eine Aufstellung der Personen oder Firmen, mit denen Sie geschäftlich zusammenarbeiten oder die Sie anderen empfehlen, die jedoch Ihre Dienste nicht erwidern. Laden Sie jemanden aus dieser Firma zum Mittagessen oder zum Besuch einer Ihrer Netzwerkgruppen ein.

13. Erweitern Sie Ihre Netzwerke!

Schreiben Sie Personen mit Berufen auf, mit denen Sie gerne geschäftlich zusammenarbeiten oder die Sie gerne anderen empfehlen würden. Rufen Sie sie an und treffen Sie eine Verabredung zum Mittagessen.

14. Schauen Sie nach vorn!

Dies ist überaus wichtig: Nehmen Sie nochmals das Empfehlungsgitter zur Hand (Abb. 3.2) und denken Sie über Ihre heutige Position in diesem Gitter nach. Überprüfen Sie nach der Lektüre dieses Buches und nachdem Sie mit Ihrem Emfehlungsmarketing-Plan drei Monate lang gearbeitet haben, wie weit Sie vorangeschritten sind.
Denken Sie daran: Kundengewinnung durch Empfehlungen ist eine Reise – kein Ziel. Es ist etwas, an dem Sie jahrelang kontinuierlich arbeiten müssen.

12. Arbeiten Sie in Ihren Netzwerken!

a. _____

b. _____

c. _____

d. _____

e. _____

f. _____

13. Erweitern Sie Ihre Netzwerke!

Schreiben Sie Personen mit Berufen auf, mit denen Sie gerne geschäftlich zusammenarbeiten oder die Sie gerne anderen empfehlen würden.

Name:	Telefonnummer:
1. _____	_____
2. _____	_____
3. _____	_____
4. _____	_____
5. _____	_____
6. _____	_____
7. _____	_____
8. _____	_____

14. Schauen Sie nach vorn!

_____

_____

_____

_____

_____

_____

_____

Über Business Network Intl.

Business Network Intl. wurde 1985 von Dr. Misner gegründet, um Geschäftsleuten die Möglichkeit zu bieten, in einer strukturierten, professionellen Umgebung Kontakte zu knüpfen. Die Organistion hat heute Tausende von Mitgliedern in über 300 Ortsgruppen in ganz Nordamerika. Seit Beginn haben sich die Mitglieder von Business Network über eine Million Kontakte im Wert von über 325 Millionen Dollar vermittelt.

Das vorrangige Ziel der Organisation besteht darin, ihren Mitgliedern qualifizierte Kontakte zu vermitteln. Die Philosophie von Business Network lässt sich in fünf einfachen Worten zusammenfassen: *Geben ist seliger denn Nehmen*. Wenn Sie anderen Geschäfte vermitteln, werden diese auch Ihnen Geschäfte ermöglichen. Im Business Network darf pro Ortsgruppe jeder Beruf nur einmal vertreten sein. Das Programm ist so ausgelegt, dass Geschäftsleute dauerhafte Beziehungen aufbauen und auf diese Weise eine Vertrauensbasis schaffen können. Sie ist eine notwendige Voraussetzung für Empfehlungen. Die Organisation vermittelt Geschäftsleuten die Einsicht – so versteht sie ihren Auftrag –, dass die Erzeugung von Empfehlungen mehr mit Pflügen als mit Jagen zu tun hat. Ziel ist die Pflege beruflicher Beziehungen in einem strukturierten, geschäftsfördernden Umfeld zum gegenseitigen Nutzen aller Beteiligten.

Literaturhinweise

Averill, M., Corkin, B., *Netzwerk Marketing. Die Geschäfte der 90er Jahre*, Wirtschaftsverlag Ueberreuter, Wien 1995

Baber, A., Waymon, L., *Great Connections*, Impact Publications, Manassas Park, Virginia 1992

Blanchard, K., Lorber, R., *Die Praxis des 01-Minuten-Managers*, verlag moderne industrie, Landsberg 1998

Bly, B., *The Copywriters's Handbook*, Owl, New York 1992

Boe, A., *Networking Success*, Seaside Press, Encinitas, California 1994

Boe, A., Youngs, B., *Is Your „Net" Working?*, Wiley & Sons, New York 1989

Byrum-Robinson, B., Womeldroff, D., „Networking Skills Inventory" 1990, in: Pfeiffer, J. W. (Hrsg.), *The 1990 Annual: Developing Human Resources*, University Associates, San Diego, California 1990

Craig, R. L. (Hrsg.), *Training and Development Handbook*, McGraw-Hill, New York 1987

Daniels, A., *How to Bring Out the Best in People*, McGraw-Hill, New York 1993

Davidson, J., *Marketing on a Shoestring*, Wiley & Sons, New York 1988

Dick, U., *Netzwerke und Berufsverbände für Frauen. Ein Handbuch*, Rowohlt, Reinbek 1994

Edwards, P., Edwards, S., Douglas, L., *Getting Business to Come to You*, Jeremy P. Tarcher, Los Angeles 1991

Edwards, P., Edwards, S., *Best Home Businesses for the '90s*, Jeremy P. Tarcher, Los Angeles 1991

Fisher, D., Vilas, S., *Power Networking: 55 Secrets for Personal & Professional Success*, MountainHarbour Publications, Austin, Texas 1992

Friedrich, K., *Empfehlungsmarketing. Empfehlenswerte Leistungen schaffen, Weiterempfehlung auslösen, Beziehungsnetze aufbauen*, Gabal, Offenbach 1997

Holtz, H., *Great Promo Pieces*, Wiley & Sons, New York 1991

Krannich, R. L., Krannich, C. R., *Network Your Way to Job and Career Success*, Impact Publications, Alexandria, Virginia 1989

MacKay, H., *Networking. Das Buch über die Kunst, Beziehungen aufzubauen und zu nutzen*, Econ, Düsseldorf 1997

Misner, I. R., *Networking for Success*, Business Paradigm Productions, Claremont, California 1987

Osborn, A., *Applied Imagination*, Charles Scribner, New York 1953

Peters, T., *Kreatives Chaos*, Hoffmann und Campe, München 1988

Raye-Johnson, V., *Beziehungen aufbauen. Erprobte Techniken für Ihren Karriere-Erfolg. So schaffen Sie ein Netzwerk verlässlicher Kontakte*, Wirtschaftsverlag Ueberreuter, Wien 1996

Ries, A., Trout, J., *Positioning: The Battle for Your Mind*, McGraw-Hill, New York 1981

RoAne, S., *How to Work a Room*, Warner Books, New York 1991

RoAne, S., *Natürlich zum Erfolg. Networking – der smarte Weg, ein dichtes Kommunikations- und Beziehungsnetz zu knüpfen*, mvg, Landsberg 1997

RoAne, S., *The Secrets of Savvy Networking*, Warner Books, New York 1993

Segerman-Peck, L. M., *Frauen fördern Frauen. Netzwerke und Mentorinnen. Ein Leitfaden für den Weg nach oben*, Campus, Frankfurt 1994

Sheer, M., *Referrals*, Sheer Seminars, Mission Viejo, California 1993

Stanley, T., *Marketing to the Affluent*, BusinessOne-Irwin, Homewood, Illinois 1988

Wilson, J. R., *Mund-zu-Mund-Marketing*, verlag moderne industrie, Landsberg 1991

Woods, D. R., Ormerod, S. D., *Networking: How to Enrich Your Life and Get Things Done*, Pfeiffer & Company, San Diego, California 1993

Videokassetten

Christiani, A., *Networking – Verkauf vor dem Verkauf. Wie Sie zum gesuchten Experten werden*, Inmedia, Köln 1997

Zeitschriften

Baber, A., Waymon, L., „No-Nonsense Networking", *Your Company*, 1993, S. 34–37

Babi, R., „Network Your Way to Net Profits", *Business News*, 1993, S. 31

Bonacich, P., „Communication Dilemmas in Social Networks: An Experimental Study", *American Sociological Review 55*, 3, 1990, S. 448–460

Burg, B., „Join the (Networking) Club", *Real Estate Today 25*, 9, 1992, S. 48–49

Byrd, R. E., „Corporate Leadership Skills: A New Synthesis", *Organizational Dynamics 16*, S. 34–43

Carlson, J., „Building Trust and a Client Base Through Networking", *Home-Office Computing 9*, 9, 1991, S. 41–42

Chazin, C., „Valley-Based Network Blossoms", *Daily Bulletin*, Ontario, California 26. Januar 1992, Teil B

Davis, R., „A Study of the Relationship Between Networking Skills Inventory Scores and the Quantity and Quality of Leads Exchanged Between Members of ‚The Network'", *Master's Thesis, University of San Francisco 1991*

Emshwiller, J. R., „Networking Firms Offer Contacts for Sale", *The Wall Street Journal*, 8. Februar 1991, Teil B.

Farris, C., „This Network Means Business", *Carlsbad Magazine*, Februar 1990, S. 21

Good, B., „Networking: The Old Way Becomes the New Way", *Research*, 1991, S. 24–26

Haddon, M., „Build Your Business Through a Networking Club", *Home-Office Computing 9*, 12, 1991, S. 24, 26

Hill, D., „A Hot New Trend That Builds Business the Old Fashioned Way: Networking", *Independent Business*, 1990, S. 30–32

Keil, J., „Professionals Network Their Way to Success", *(Tulare, Calif.) Advance-Register*, 20. März 1990, S. 12

Kieser, H. „Das Rotary ABC", *Der Rotarier*, Herbst 1993

Melia, M. K., „Power Source: Networking Groups Let Home-Based Entrepreneurs Stay Well Connected", *Chicago Tribune*, 14. April 1994

Misner, I. R., „Business Development Networks: An Exploratory Study", *Ph. D. Thesis, University of Southern California* 1993

Misner, I. R., „Surviving the Squeeze of a Tight Economy", *Indianapolis C.E.O.*, 1990, S. 10

Singer, P., „Small Businesses Find Networking Pays", *The New York Times*, 26. Juli 1992

Sonnenberg, F. K., „How to Reap the Benefits of Networking", *Journal of Business Strategy 11*, 1, 1990, S. 59–63

Waymon, L., „Business Networking Puts Money in the Bank", *Washington Business Journal*, 28. Mai–3. Juni 1993

Yanagida, I., „The Business Network: A Powerful and Challenging Business Tool", *Journal of Business Venturing 7*, 5, 1992, S. 341–346

Zack, I., „,The Network' Opens New Doors", *Springfield (Connecticut) Connection*, 13. März 1991, S. 13

Stichwortverzeichnis